Management-Aufgabe CIM/CAI

LEITFADEN für Unternehmer und Führungskräfte

Dr. Otto Waldmann

Management-Aufgabe CIM/CAI

Erfolgsfaktor für entscheidende und verteidigungsfähige Wettbewerbsvorteile

Verlag Industrielle Organisation Zürich
Verlag TÜV Rheinland

CIP-Titelaufnahme der Deutschen Bibliothek

Waldmann, Otto:
Managementaufgabe CIM/CAI: Erfolgsfaktor für entscheidende und verteidigungsfähige Wettbewerbsvorteile / Otto Waldmann. - Zürich: Verl. Industrielle Organisation; - Köln: Verl. TÜV Rheinland, 1990
(Leitfaden für Unternehmer und Führungskräfte)
ISBN 3-88585-789-8 (Verl. TÜV Rheinland) Gb.
ISBN 3-85743-944-0 (Verl. Industrielle Organisation) Gb.

ISBN 3-85743-944-0 Verlag Industrielle Organisation Zürich
ISBN 3-88585-789-8 Verlag TÜV Rheinland

Gesamtherstellung: Verlag TÜV Rheinland GmbH, Köln
Printed in Germany 1990

Meiner Frau

Inhaltsverzeichnis

Vorwort

Ziel und Zweck dieses Buches ist, dem Leser praxisorientierte Anregungen für die Konzeption eines CIM (Computer Integrated Manufacturing)- bzw. eines CAI (Computer Aided Industry)-Systems zu geben. Um einen relativ großen Leserkreis anzusprechen, wurde versucht, die Vorgehensweise bei der System-Konzeptionsphase anhand von Fallbeispielen, Zitaten und vielen Abbildungen möglichst anschaulich darzustellen.

Besonders in Zeiten einer verschärften Wettbewerbssituation ist es für Unternehmen noch wichtiger geworden, herauszuarbeiten, wie entscheidende aber auch verteidigungsfähige Wettbewerbsvorteile aufgebaut werden können. CIM/CAI-Systeme können, falls die Prozeßketten die hohen Nutzenpotentiale realisieren, die auch im Rahmen von unternehmensspezifischen Geschäftsstrategien als die dominierenden angesehen werden, einen signifikanten Erfolgsfaktor darstellen.

Im ersten Abschnitt des Buches wird die strategische Relevanz von CIM/CAI-Systemen im Rahmen des Innovationswettbewerbes aufgezeigt. Die hohen Fixkosten-Belastungen, die bei CIM/CAI-Systemen auftreten, erfordern, daß diese Systeme nicht nur als ein informationstechnisches Werkzeug gesehen werden, sondern als Bestandteil der Unternehmensführung. Im Abschnitt 2 wird u.a. anhand von Fallbeispielen dargestellt, wie unternehmensspezifische Struktur- und Zielgrößen CIM/CAI-Konzeptionen beeinflussen.

Schritte in Richtung CIM/CAI sind das Thema des dritten Abschnittes. In Form einer integrierenden Gesamtbetrachtung werden in Abschnitt 4 beispielhaft wesentliche Gestaltungselemente beschrieben, die zur Realisierung von CIM/CAI-Zielprofilen notwendig sind und die deshalb mit einem wettbewerbsorientierten, Computer-integrierten System in Zusammenhang gesehen werden müssen. Der Abschnitt 4 schließt mit dem Strategiekonzept, in dem auch ein Rahmenplan für die priorisierten CAx Komponenten enthalten ist. Die Grob- und Feinplanung der CAx-Komponenten sind die nächsten Planungsschritte, die jedoch nicht mehr Gegenstand dieses Buches sind. Diese Planungsphasen werden durch die einschlägige Literatur gut abgedeckt; jedoch die strategische Ausrichtung eines CIM/CAI-Systems wurde sicher noch kaum behandelt.

Neben den Erfahrungen von Kollegen und den eigenen sind sehr viele Erkenntnisse besonders zweier geschäftsführender Bereiche der Siemens AG, der Bereiche Automatisierungstechnik und Daten- und Informationstechnik, in die Ausarbeitung eingeflossen. In diesem Zusammenhang möchte ich den Herren Dipl.Ing. Hans Körner, Dipl.Ing. Klaus Knischewski, Dipl.Ing. Ernst-Walter Maas, Dipl.Ing. Luitpold Kaltenstadler und Karl-Heinz Sohr herzlich danken.

Der besondere Dank gilt meinem Chef, Herrn Dr. Bodo Eidenmüller, der Maßgebliches zu diesem Buch beigetragen hat. Frau Dipl.Kfm. Brigitte Reminger und den Herren Hans Marquart und Dipl.Ing. Siegfried Theimer danke ich für wertvolle Anregungen, und für die konstruktive Kritik.

Das Schreiben des Manuskriptes und das Anfertigen der Zeichnungen besorgten Frau Christine Angele, Frau Monika Höfner, Frau Brigitte Kanert und Frau Margot Poerschke. Ihnen allen möchte ich herzlich danken.

München im November 1989 Otto Waldmann

1 Wettbewerbsdynamik und Innovationsstrategien

Wir leben derzeit in einer Wirtschaftswelt, die durch große Veränderungen in der Wettbewerbslandschaft gekennzeichnet ist. In dem Eröffnungsvortrag auf dem 42. Deutschen Betriebswirtschafter-Tag 1988 erklärte Herr Dr. Kaske, Vorstandsvorsitzender der Siemens AG:

"Die Bedingungen, unter denen die Unternehmen auf den Weltmärkten heute tätig sind, haben sich noch nie so schnell, so nachhaltig und in so vielen Dimensionen gleichzeitig verändert, wie in den letzten Jahren. Wir müssen davon ausgehen, daß sich dieser Trend noch weiter beschleunigt."

Allgemein kann man folgende Ursachen für eine verschärfte Wettbewerbsdynamik sehen:

- Globalisierung der Geschäfte, weltweit agierende Wettbewerber;

- Öffnung der Märkte:
  - EG-Binnenmarkt 1992
  - weltweite Deregulierungs- und Harmonisierungstendenzen (diese betreffen beispielsweise sehr wesentlich den Telekom-Markt);

- Übergang vom Verkäufer zum Käufermarkt (Kunden kaufen selektiver und differenzierter);

- verstärktes Auftreten von Firmen aus Schwellenländern;

- neue Wettbewerber greifen mit neuen Technologien aggressiv in den Markt ein (oft spin-off-Firmen);

- Wettbewerber formieren sich durch strategische Allianz neu.

Die notwendige Folge dieser Wettbewerbsverschärfung ist, daß die Unternehmen noch viel intensiver und klarer herausarbeiten müssen, wie entscheidende Wettbewerbsvorteile kurz-, mittel- und langfristig aufgebaut werden können.

Eine wesentliche Wettbewerbsverschärfung ist auf das starke Agieren japanischer Wettbewerber in den internationalen Märkten zurückzuführen. Welche kurz-, mittel- und langfristige Maßnahmen dabei von japanischen Firmen ergriffen wurden und werden, wird beispielhaft im folgenden erläutert:

Relativ kurzfristig angestoßen wurden drastische Rationalisierungsmaßnahmen japanischer Firmen aufgrund der in 1985 bis 1987 aufgetretenen kritischen US-Dollar/Yen-Relationen. Beispiele dieser Rationalisierungsaktionen, wie sie auch in Abb. 1.0-1 beschrieben werden, sind:

- flußgerechte und automatisierte Produktionslinien;
- gezielte Reduzierung der Teile, Komponenten und Betriebskosten;
- Erhöhung von FuE–Aufwendungen, um über neue Produktdesigns und Fertigungstechnologien Kostensenkungen zu erreichen.

Aggressive Kostenreduzierung wird von stark exportabhängigen Maschinenbau-/Elektronik-Firmen bei der Wechselkursrelation ¥ 140 / $ 1 als die Überlebenschance gesehen:

Fanuc:
- Starke Erhöhung von FuE für neue Produkt-Designs und Fertigungstechnologien zur Kostenreduzierung
  Ergebnis: Reduzierung der Teile und Komponenten bei Werkzeugmaschinen-Steuerungen um 50 %
- "With its fully streamlined and automated production lines, Fanuc will now be able to survive even if the **yen-dollar rate** breaks the 140 mark"

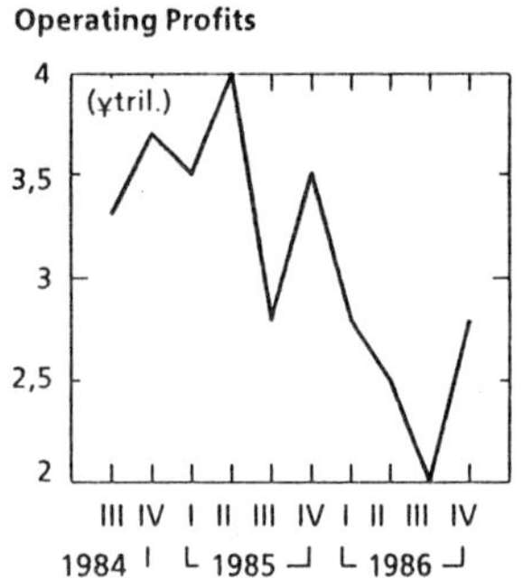

Nissan: Durch Reduzierung der Kosten für den Teile-Zukauf, Änderung im Produkt-Design und Reduzierung der Betriebskosten:
Ergebnis - 200"¥ Kostenreduktion -

Quelle: Nikkei's database service, Japan Economic Journal, Juli 87

Abb. 1.0–1: Beispiele drastischer Rationalisierungsmaßnahmen japanischer Firmen als Reaktion auf die kritische US–Dollar/Yen–Wechselkursentwicklung.

Ein wesentlicher Hebel, um mittel– und langfristig signifikante Wettbewerbsvorteile zu erzielen, liegt in der Globalisierung der Geschäfte, eine Stoßrichtung, die nun von den meisten führenden Firmen vorangetrieben wird. Besonders von japanischen Mitbewerbern wird die weltweite Marktrepräsentanz in sehr ausgeprägter Form verfolgt. Dazu auch eine Aussage von Herbert Michel (vgl. Michel, Mit Japan im Wettbewerb, 1989, S.26):

> "Bei ihrer globalen Strategie planen japanische Firmen auf ihrem Heimatmarkt mit 120 Mio., in Nordmamerika mit 280 Mio., in der EG mit 320 Mio. und in der übrigen Welt sehr vorsichtig geschätzt nochmals mit 300 Mio. Verbrauchern. Damit operieren sie auf Märkten mit insgesamt über 1.000 Millionen Menschen. Das ermöglicht eine Produktion in großen Serien. Selbst bei minimalen Margen werden riesige Gewinne erzielt."

Daß das Thema Globalisierung stark vorangetrieben wird, zeigen auch die japanischen Auslandsinvestitionen, die in 1986 um 62% und in 1987 um 106% angestiegen sind. Gerade Westeuropa ist im Hinblick auf den EG-Binnenmarkt 1992 eine Region, in der nun auch starke Auslandsinvestitionen getätigt werden. Dazu auch Herbert Michel:

> "Während viele Unternehmer noch fasziniert auf die Chance Europa `92 warten, haben japanische Unternehmen dieses Ziel längst in ihre Konzepte zur Sicherung und Expansion von Auslandsmärkten integriert. Sie etablieren ihre Firmen innerhalb der Länder der Europäischen Gemeinschaft in einem nie gekannten Tempo."

Eine sehr deutliche Aktion dazu war die Entscheidung der Hitachi Ltd., Tokio, eine Scheibenfertigung für Integrierte Schaltkreise (4-Mbit-DRAM-Chips) in der BRD (Landshut) zu errichten (Quelle: SZ v. 22.8.1989). Dieses Halbleiterwerk in Landshut, das bislang ein reiner Montagestandort war, für den die Silizium-Scheiben aus Japan angeliefert wurden, soll 1991 in Betrieb gehen. Damit ist Hitachi das erste japanische Unternehmen, das eine Scheibenfertigung auf dem europäischen Kontinent errichtet.

Japanische Firmen gehen allgemein nach dem Sony-Konzept vor: Denke global, handle lokal.

Um dieses Wettbewerbskonzept operativ zu beherrschen, werden nun auch von japanischen Firmen die entsprechenden Computer integrierten Informationssysteme vorangetrieben. In dem CIM (Computer Integrated Manufacturing)-Konzept von Firma Hitachi - vgl. Abb. 1.0-2 - sollen bis 1992, die zeitliche Koinzidenz mit dem EG-Binnenmarkttermin ist sicherlich nicht eine rein zufällige, die Kunden über ein Wide Area Network an das sogenannte Enterprise CIM angebunden werden.

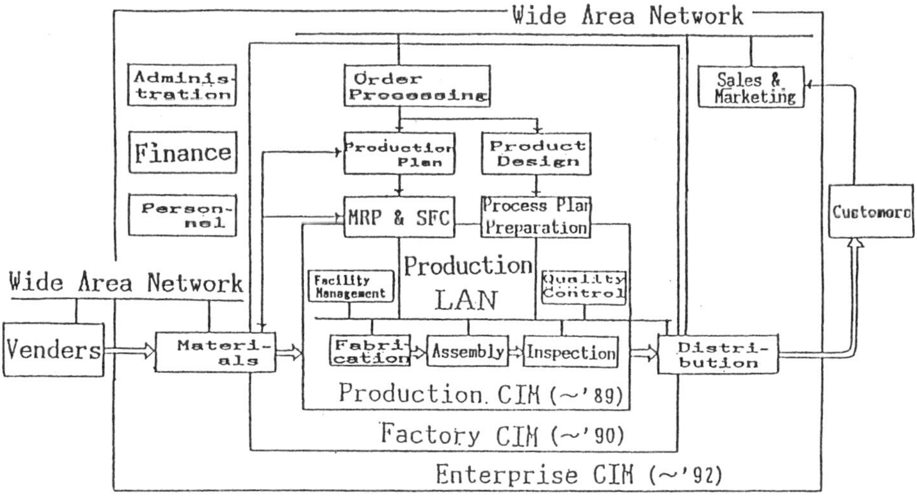

Abb. 1.0-2: CIM-Konzept von Firma Hitachi

Ein anderer Aspekt dieser CIM-Konzeption bezieht sich auf das mögliche informationstechnische Einbinden von Zulieferanten in ein globales Verbundsystem. Das weltweite Einbinden von Zulieferanten, welches eine enge Partnerschaft zwischen Zulieferant und Hersteller erfordert - auf dieses Thema wird in Abschnitt 4.3.4 im Rahmen der fertigungssynchronen Beschaffung noch näher eingegangen - ist ein wesentliches Innovationspotential. Dieses Konzept, welches auch mit "global sourcing" umschrieben wird, bezieht sich auf das weltweite Beschaffen von Material, Teilen usw. von Lieferanten mit den weltweit besten Konditionen, was Preis, Qualität, Lieferservice etc. angeht.

Generell können die langfristigen Markteintrittsstrategien japanischer Wettbewerber wie folgt beschrieben werden (Ausschnitt aus dem Buch von Herbert Michel):

> "Sobald ein Produkt serienreif und auf dem Inlandsmarkt getestet worden ist, wird es den Hauptmärkten der Welt, vornehmlich in USA und Europa in großen Stückzahlen zu Niedrigstpreisen angeboten. Dabei bedient man sich zunehmend örtlicher Betriebsstätten, um durch protektionistische Maßnahmen nicht ausgesperrt zu werden und das volle Marktpotential nutzen zu können.
>
> In den USA können damit am schnellsten Absatzerfolge erzielt werden, da in Amerika immer noch überwiegend über den Preis verkauft wird. In Europa muß strategisch anders geplant werden; europäische Kunden sind qualitätsbewußter. Hier beschränkt man sich beim Markteinstieg zunächst auf die unteren Preisklassen, um den Widerstand der Wettbewerber so gering wie möglich zu halten. Wegen der großen Serien kann dabei immer noch mit Gewinn gearbeitet werden. Kurzfristig geht Marktanteil vor Gewinn.
>
> Sobald der Name der Firma über Billigprodukte fest im Markt etabliert ist, beginnt man, den Markt der nächsthöheren Preisklasse aufzurollen. Gleichzeitig vergrößern sich damit die Absatzzahlen, während die Wettbewerber immer weiter in Marktnischen mit höherem Preisniveau abgedrängt werden. Im Endeffekt ist die Mehrzahl der Konkurrenten nicht mehr wettbewerbsfähig, weil sie wegen der immer weiter schrumpfenden Umsätze ihre Entwicklungskosten nicht mehr erwirtschaften können. Finanziell schwache Konkurrenten werden schließlich aufgekauft.
>
> Sobald die Marktführerschaft in der Branche erreicht ist, konzentriert man sich auf das nächste Ziel. Dabei stehen für den Einstieg in andere Branchen stetig steigende Gewinne aus den vorausgegangenen Feldzügen zur Verfügung".

Die Erfolge japanischer Firmen in den Branchen Fotoindustrie, Unterhaltungselektronik, Halbleiter oder bezüglich der Produktgruppen elektronische Schreibmaschinen, Drucker und Faxgeräte sprechen für sich.

Diese Art der kurz-, mittel- und langfristig angelegten Maßnahmenbündel erfordert:

- eine sehr genaue Markt- und Wettbewerberkenntnis;

- klare und weitreichende Geschäfts- und Technologiestrategien in Verbindung mit

- leistungsfähigen Informationssystemen, um die entsprechende Geschäftstransparenz sicherzustellen, aber auch je nach Gegenreaktion von Wettbewerbern, operativ sehr schnell handeln zu können.

Ein wesentlicher Faktor für den bisherigen Erfolg japanischer Firmen bildet der Funktionsbereich Produktion, wie es auch in Abb. 1.0–3 dargestellt wird.

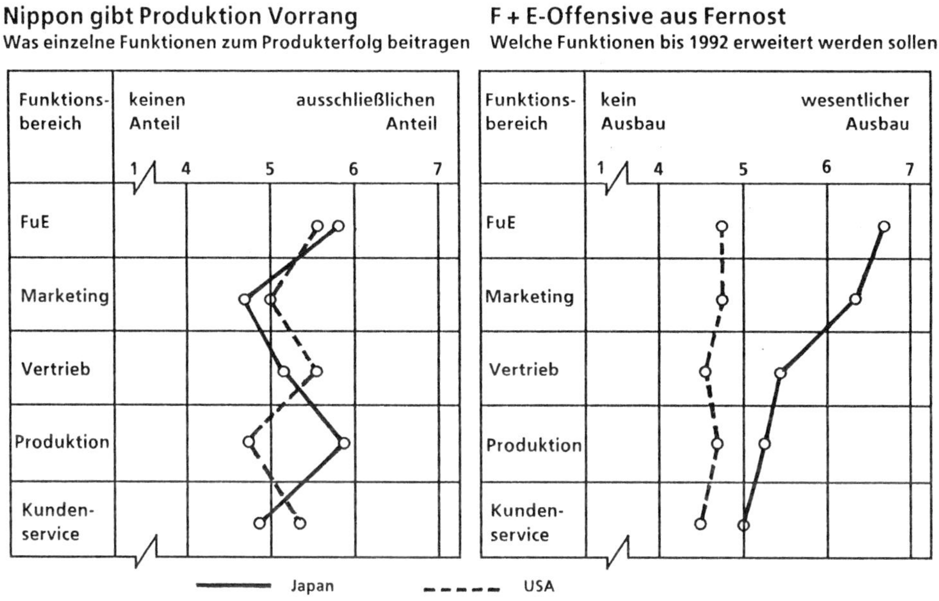

Abb. 1.0–3: Beiträge der Funktionsbereiche japanischer und US-amerikanischer Firmen am Produkterfolg (Quelle: Manager Magazin 11/1988)

Der Erfolgsfaktor Produktion kann am besten mit den folgenden, bekannten Konzepten charakterisiert werden:

- Just-in-Time Produktion;

- umfassende Qualitätssicherung;

- Einbindung der Produktionsmannschaft vor Ort in eine Vielzahl von Rationalisierungsprojekten;

- pragmatische, d.h. schrittweise Automatisierung, bei der jeweils beherrschte Produktionsprozesse die Voraussetzung bilden;

- paralleles Forcieren von Produkt- und Prozeßinnovationen.

In einer empirischen Studie (vgl. US Congress, OTA, 1988, S.32) wurde bei der Analyse der Kosten für eine Vielzahl von Produktentwicklungen und -einführungen festgestellt, daß japanische Firmen 44 % der Gesamtkosten für die Entwicklung von Werkzeugen und Equipment aufwenden, während es bei vergleichsweise ähnlichen US- Firmen nur 23 % sind (vgl. Abb. 1.0-4).

Companies	Percentage of total project cost				
	Research, development and design	Prototype or pilot plant [b]	Tooling and equipment	Manufacturing startup	Marketing startup
U.S.	26 %	17 %	23 %	17 %	17 %
Japanese	21 %	16 %	45 %	10 %	8 %

a Survey figures from 1985 for 50 matched pairs of U.S. and Japanese firms. The total of 100 included chemical companies,30 machinery, 20 electrical and electronics, and 14 from the rubber and metals industries.
b For cases of product development, the costs are for prototyping; for process development, they include investments in pilot plants.

Abb. 1.0-4: Kostenverteilung für die Entwicklung und Einführung neuer Produkte und Prozesse in vergleichsweise ähnlichen Firmen in USA und Japan (Quelle: US Congress, OTA, 1988)

Daraus ist zu folgern, daß japanische Firmen großen Wert auf die Entwicklung bzw. Anpassungsentwicklung von spezifischen Produktionsmitteln legen, um dadurch auch voll die potentiellen Rationalisierungseffekte ausnutzen zu können. Auf Basis der Globalisierungsstrategie und deren Konsequenz der hohen Marktanteile bzw. hohen Produktionsstückzahlen, können auch die starken Vorleistungen für spezifische Werkzeug- und Geräteinnovationen relativ leicht wieder eingespielt werden.

Zudem wird versucht, über entsprechende Prozeßinnovationen, welche auch im allgemeinen zu höheren Qualitätsstandards führen, weitere Wettbewerbsvorteile aufzubauen: Eine firmenspezifische Prozeßtechnologie-Kompetenz, z.B. in der Robotertechnologie, wird zusätzlich oft werbewirksam vermarktet (vgl. Abb. 1.0-5).

Auch im Vorgehen, wie die Produktion als strategische Waffe eingesetzt werden kann, gibt es zwischen Japan und der westlichen Welt erhebliche Unterschiede (vgl. Abb. 1.0-6).

Während die westliche Welt auf die Automatisierung von Teilprozessen und dedizierten DV-Systemen setzte, forcierten japanische Mitbewerber bereits in den 50er Jahren umfassende Qualitätsverbesserungsprogramme, in den 60er Jahren das Thema fertigungsgerechte Produkte und in den 70er Jahren die Just-in-Time-Produktion in Verbindung mit den entsprechenden organisatorischen Maßnahmen. Japanische Firmen versuchten also wesentlich früher als wir, die Produktion in ihrer Gesamtheit zu optimieren.

Abb. 1.0-5: Ein Beispiel, wie über Prozeßinnovationen Geschäftserfolge angestrebt werden

Aus der Abbildung 1.0-3 ist auch ersichtlich, daß zukünftig japanische Firmen – die Aussage gilt zumindest bis 1992 – besonders den Funktionsbereich FuE wesentlich stärker ausbauen werden. Zwei Gründe machen diese Innovationsstrategie erforderlich:

1. Japanische Firmen sind bereits in vielen Industriebranchen in einer führenden Wettbewerbsposition. Sie können deshalb immer weniger auf ausländische Innovationen zurückgreifen und müssen, falls sie weiterhin eine führende Position aufrecht erhalten wollen, ihre eigenen Forschungsaktivitäten drastisch ausbauen. Im wesentlichen verstärken sie dabei Forschungsaktivitäten auf corporate level. Beispielsweise installierte die Firma Toshiba innerhalb von zwei Jahren (1987, 1988) zwei neue zentrale Labors: 1987 ein Systems and Software Engineering Lab und 1988 das ULSI (Ultra Large Scale Integration)-Research Lab.

2. Japanische Firmen werden zunehmend mit low-cost Produkten aus den ost-asiatischen Schwellenländern wie Südkorea, Hongkong, Taiwan und Singapur konfrontiert und müssen daher in noch stärkerem Umfang Produkte mit einem hohen Innovationsniveau anbieten. Dies ist wiederum nur durch erhöhte FuE-Anstrengungen möglich.

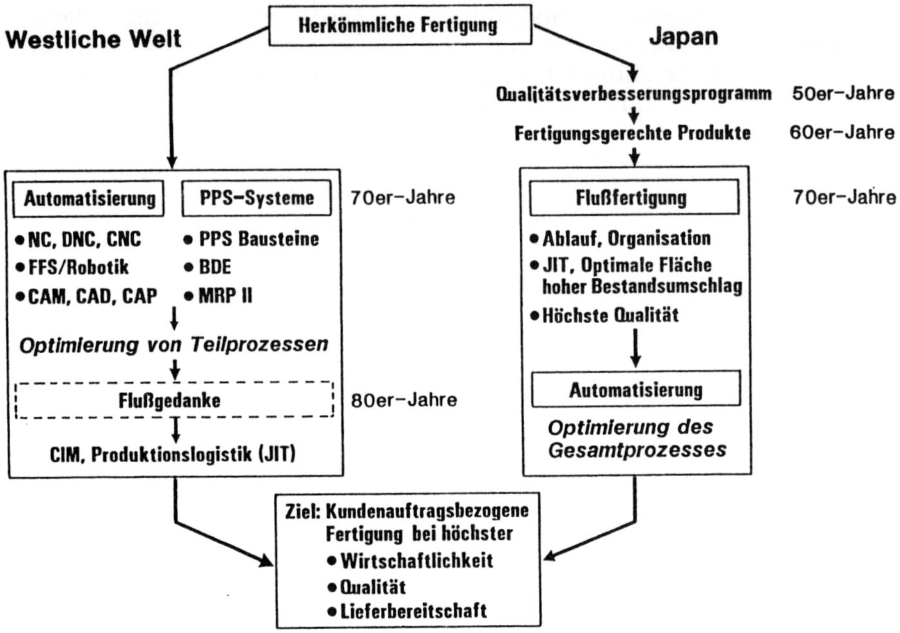

Abb. 1.0–6: Unterschiedliche Vorgehensweisen in Japan und in der westlichen Welt, um die Produktion als strategische Waffe einzusetzen

Das Forcieren von FuE wird unterstützt durch gezielte Globalisierungsaktivitäten. Unter anderem hat die Firma Hitachi in 1988/89 je zwei Zentren für Forschung und Entwicklung in Europa und in USA gegründet (Quelle: SZ v. 24.4.1989). Diese vier Forschungseinheiten sind 100%ige Tochtergesellschaften, in denen die Themen

- Zukunftskonzepte in der Elektronik (in Cambridge),

- Neuronale Netze, High Level Languages für Super–Computer (in Dublin),

- Autoelektronik (in Detroit) und

- IC Design und Computergrafik (in San Francisco)

behandelt werden sollen. Damit wird Hitachi zum ersten Mal Forschung in Übersee betreiben.

Die relativ neue FuE–Schwerpunktsetzung in Japan findet ihren Niederschlag auch in den Gesamtausgaben für FuE. Während in den 80er Jahren die FuE–Aufwendungen in der BRD um 40%, in den USA um über die Hälfte gestiegen sind, haben sich diese in Japan um mehr als das Doppelte erhöht (Quelle: Elektronikpraxis, Nr.20, 26.10.1989).

Diese starke FuE–Stoßrichtung der japanischen Wirtschaft schlägt sich auch in den neuesten CIM–Konzepten, beispielsweise von Toshiba, nieder: Für das Ome-Werk, in dem Arbeitsplatzcomputer, Drucker usw. hergestellt werden, wird in dem sogenannten AUSTRO (Automated System Technology and Revolutionary Organization)–Konzept neben der Factory– und Office–Automation die Engineering–Automation als sehr wesentlich herausgestellt (vgl. JIIE 1988). Neben den üblichen CAD–Verfahren: CAD–Elektronik, –Mechanik werden besonders die CASE–Werkzeuge (Computer Aided Software–Engineering) als wesentliche Erfolgsfaktoren dargestellt (vgl. Abb. 4.3.2–4).

Im internationalen Innovationswettbewerb spielen die nordamerikanischen Firmen natürlich auch eine sehr signifikante Rolle. Besonders das Gebiet der Informationstechnologie wird entscheidend von nordamerikanischen Firmen und Instituten mit beeinflußt. Dies wurde u.a. durch die Intel–Ankündigung des 64–Bit–Prozessors i860 wieder stark unter Beweis gestellt (Quelle: Elektronik, 17.3.1989, S.10). Der Innovationswettbewerb wird aber auch durch die Wiederentdeckung der Produktion als wesentlichen Wettbewerbsfaktor unterstützt (vgl. Schonberger, Produktion auf Weltniveau, 1988). Schonberger stellt sehr anschaulich die Erfolge amerikanischer Unternehmungen dar (vgl. Abb. 1.0–7).

Hewlett Packard:

- *Greely*, (Diskettenlaufwerke, Magnetbandspeicher-Einheiten): Umlaufmaterial von 22 auf 1 Tag gekürzt, das ganze Werk nach dem Just-in-time-Prinzip organisiert.
- *Bois*, (Matrixdrucker): Durchlaufzeit von 5 auf 1 Tag gesenkt, Umlaufmaterial von 7 auf weniger als 1 Tag reduziert; Rohmaterialvorräte von 1 Monat auf höchstens 10 Tage reduziert: doppelt so hoher Ausstoß pro Person und Tag.
- *Sunnyvale*, (Division Büro-Personal Computer): Umlaufmaterial von 3 Wochen auf 3 Tage gesenkt, Flächenbedarf auf 1/6 gesenkt (keine Lager mehr), Lohnkosten auf etwa 1/4 gesenkt, Modellmix-Montage bei neuen Produkten.
- *Cupertino*, (Minicomputer H-P 3000 Serie 68): Schaltplatinen-Montagezeit von 15 auf 1,5 Tage gesenkt, Schaltplatinen-Umlaufmaterial von 670 000 Dollar auf 20 000 Dollar gesenkt.

IBM:

- *Owego*, (Computerprodukte für Behörden): Transferstrecke von 9 400 m auf 84 m gekürzt, Umlaufmaterial um 70 %, Durchlaufzeit um 50 % gesenkt.
- *Raleigh*, (Logikeinheit 3178): Zum "Standard"-Produkt umkonstruiert; automatisiert und Just-in-Time-Konzepte eingearbeitet; Flächenbedarf von 4 700 qm auf 840 qm gesenkt; Roh- und Umlaufmaterial-Umschlag von 15 auf über 70 gesteigert; EDV-Kosten pro Stück von etwa 50.00 Dollar auf 1.26 Dollar gesenkt.
- *Lexington*, (Schreibmaschinen): Zahl der Bauteile um ein Vielfaches gesenkt, Anzahl der Zulieferer von 640 auf 32 gesenkt.

General Electric:

- *Louisville* (Geschirrspülmaschinen): Durchlaufzeit von 6 Tagen auf 18 Stunden gesenkt, Roh- und Umlaufmaterial über die Hälfte reduziert, Ausschuß und Nacharbeit um 51 % gesenkt, Außendienstanforderungen um 53 % gesenkt.
- *Burlington*, (Trennschalter): Montage-Losgrößen von 12 Wochen auf 1 Woche, Entfernungen von 125 m auf 37 m gesenkt, Umlaufmaterial im Werk um 67 %, Regalfläche um 67 % verringert.

Abb. 1.0–7: Beispiele für sprunghafte Verbesserungen in der Produktion US–amerikanischer Firmen (ab 1982) (Quelle: Schonberger 1988)

Aber auch westeuropäische Firmen forcieren die Globalisierung. In diesem Zusammenhang führte Herr Dr. Kaske in der Pressekonferenz vom 8. Juli 1988 folgendes an:

> "Nur wer zumindest in zwei der drei Triade–Regionen zu Hause ist, kann langfristig bestehen".

Die Triade-Regionen sind

- USA (mit Kanada als Freihandelszone),
- Japan und
- Westeuropa.

Die Bedeutung dieser Triade-Regionen für die Elektrotechnik läßt sich auch aus der Abbildung 1.0-8, in der die Größe der Kontinente entsprechend den Marktvolumina (1988) der Elektrotechnik dargestellt werden, ableiten.

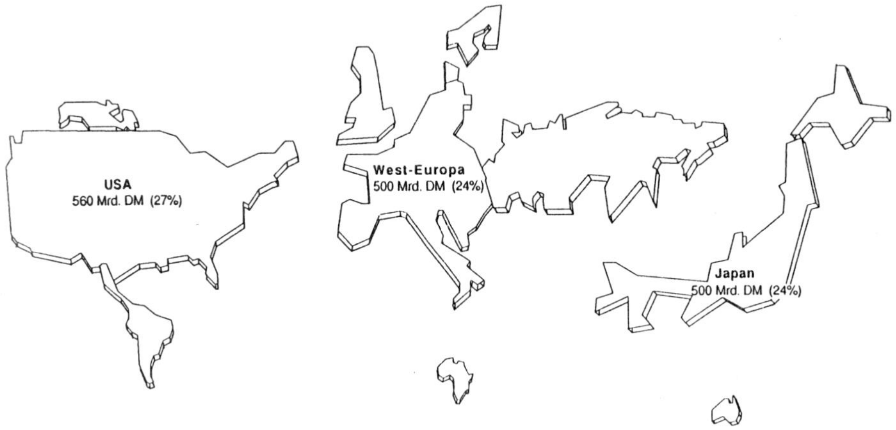

Abb. 1.0-8: Weltmärkte für die Elektrotechnik (Quelle: Siemens AG)

Je stärker die Globalisierung betrieben wird, umso notwendiger ist es, die Unternehmungen vor Ort in die informationstechnische Vernetzung miteinzubinden. Damit ist es, bzw. wird es für ein Gesamtunternehmen besser möglich sein, auf wesentliche Änderungen, beispielsweise im Kaufverhalten von Kunden, schnell reagieren zu können.

Die Stärken und Schwächen des Industriestandortes BRD können wie folgt beschrieben werden.

Stärken:
- Sehr gute Infrastruktur;
- hohes Ausbildungsniveau;
- relativ starke FuE-Aktivitäten.

Schwächen:
- Hohe Unternehmenssteuern und Arbeitskosten (vgl. Abb. 1.0-9).

Ein weiterer Nachteil von BRD-Unternehmen charakterisiert Herbert Michel (vgl. Michel 1988) wie folgt:

"Deutsche Firmen konzentrieren sich zu einseitig auf die Spezialisierung ihrer Erzeugnisse. Damit versuchen sie, trotz hoher Personalkosten konkurrenzfähig zu bleiben. Im Endeffekt manövrieren sie sich stärker in Marktnischen und reduzieren die Stückzahlen auf kleine Serien, die es immer schwieriger machen, die notwendigen Gewinne für die Entwicklung technisch führender Erzeugnisse zu erwirtschaften".

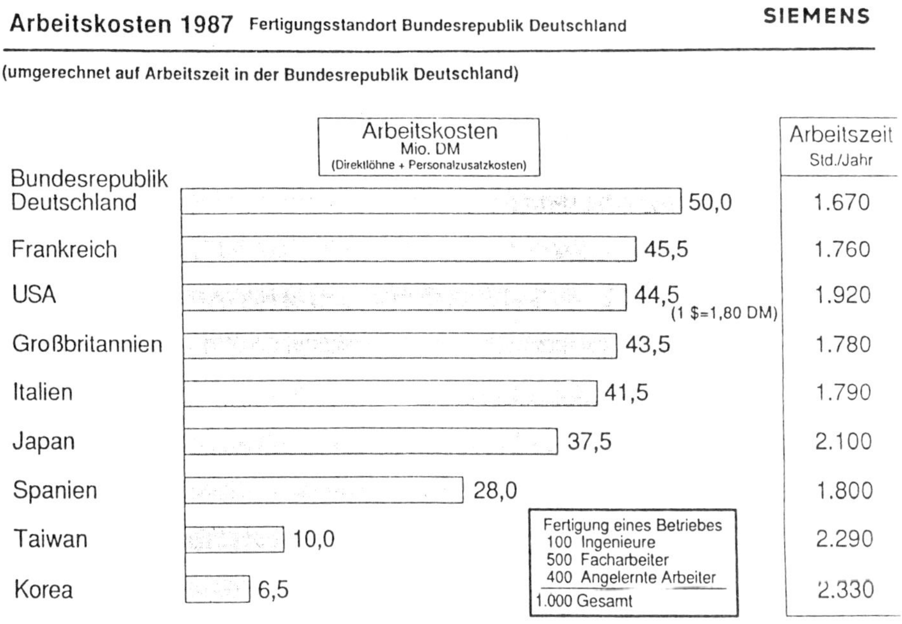

Abb. 1.0–9: Arbeitskosten in der BRD (1987)

Gerade die oftmalige Überbetonung der Funktionalität eines Produktes oder eines Systems, zugeschnitten auf sehr selektiv definierte Ziellkundensegmente, führt meistens zu geringen Marktanteilen und Stückzahlen, ein Effekt der gerade für große Hersteller mit einem vergleichsweise starren Kostenkorsett sehr kritisch sein kann.

In diesem Zusammenhang auch eine Bemerkung von Henzler (vgl. Henzler 1989, S.81):

"Zu häufig wird versucht, die "eierlegende Wollmilchsau" zu entwickeln. Ich warne davor, die Konzeptarbeit im Vorfeld zu vernachlässigen, die auf Kundennutzen und Produktkosten ausgerichtet ist."

Die Antwort von BRD–Unternehmen auf die starke Wettbewerbsbedrohung aus Japan, USA, den ASEAN–Ländern Südostasiens und den anderen EG–Staaten kann nur in einer gezielten Innovationsstrategie liegen, bei der rechtzeitig hochinnovative Produkte mit einem starken Kundennutzen möglichst breit und schnell zu einem günstigen Preisniveau auf dem Weltmarkt angeboten werden. Diese Anforderungen werden maßgeblich von richtig konzipierten CIM- bzw. CAI (Computer Aided Industry)-Systemen unterstützt. Sie sind ein wesentlicher Erfolgsfaktor des Innovationswettbewerbes und deshalb bilden sie eine Managementaufgabe.

2 CIM/CAI–Systeme

2.1 Allgemeines zu CIM/CAI

Um maßgeblich am Innovationswettbewerb beteiligt zu sein, setzt die Siemens AG verstärkt Computer–integrierte Informationssysteme intern, d.h. in den geschäftsführenden Bereichen ein und extern werden CIM/CAI–Produkte durch die Bereiche

- Automatisierungstechnik

- Daten– und Informationstechnik

angeboten.

Unsere Strategie zu diesen Systemen, mit denen die Innovationen maßgeblich beherrscht und unterstützt werden können, läßt sich mit folgender Formel ausdrücken (vgl. Abb. 2.1–1)(vgl. Doetsch, Wolf 1988, S.11).

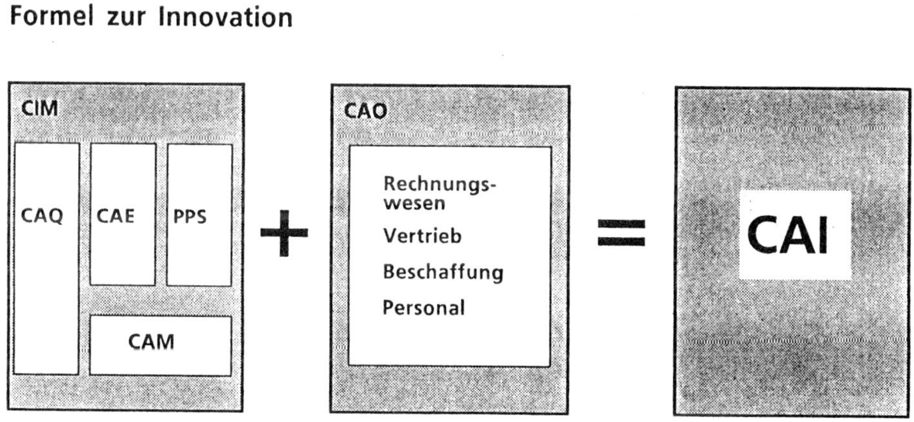

Abb. 2.1–1: Formel zur Innovation

CAI (Computer Aided Industry) enthält in dieser Formel CIM (Computer Integrated Manufacturing) und CAO (Computer Aided Office).

Die Funktionen der CIM–Systemkomponente werden in Abb. 2.1–2 angeführt.

Zu CAI/CIM noch ein paar Erläuterungen und Definitionen (aus der CAI–Definitionssammlung der Siemens AG, K DV 192):

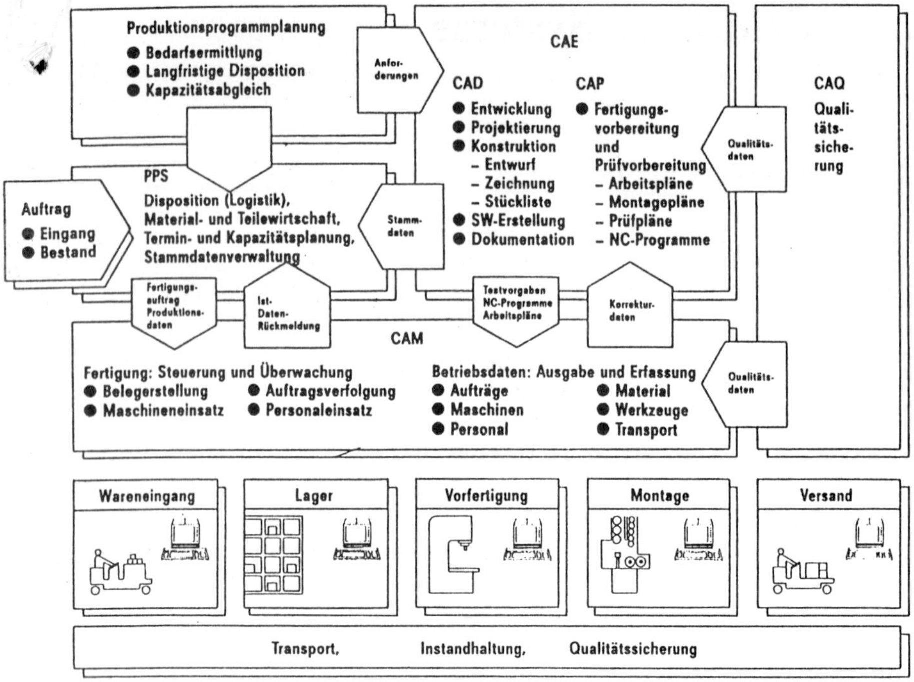

Abb. 2.1–2: Funktionen in der CIM–Systemkomponente (Quelle: Siemens–Magazin COM: Spezial CAI 1988)

CAI Computer Aided Industry, das Gesamtkonzept der Siemens AG für eine Industrieunternehmung; Ziel von CAI ist die Optimierung der Unternehmung durch informationstechnische, organisatorische und technische Verknüpfung aller am Leistungsprozeß beteiligten Elemente (Menschen, Systeme, Organisationsstrukturen usw.)

CIM Computer Integrated Manufacturing
CIM beschreibt den integrierten DV–Einsatz in allen mit der Produktion zusammenhängenden Funktionsbereichen. CIM umfaßt das informationstechnologische Zusammenwirken zwischen CAE, PPS, CAM und CAQ (nach AWF).

CAD Computer Aided Design
Ein Sammelbegriff für alle Aktivitäten, bei denen die EDV direkt oder indirekt im Rahmen von Entwicklungs– und Konstruktionstätigkeiten eingesetzt wird. Dies bezieht sich im engeren Sinne auf die grafisch–interaktive Erzeugung und Manipulation einer digitalen Objektdarstellung, z.B. durch die zweidimensionale Zeichnungserstellung oder durch die dreidi–Mensionale Modellbildung (nach AWF).

CAP Computer Aided Planning
CAP bezeichnet die DV–Unterstützung bei der Arbeitsplanung. Hierbei handelt es sich um Planungsaufgaben, die auf den konventionell oder mit CAD erstellten Arbeitsergebnissen der Konstruktion aufbauen, um Daten

für Teilefertigungs– und Montageanweisungen zu erzeugen. Darunter wird verstanden: Die rechnerunterstützte Planung der Arbeitsvorgänge, bzw. der Arbeitsgangfolgen, die Auswahl von Verfahren und Betriebsmitteln zur Erzeugung der Objekte, sowie rechnerunterstützte Erstellung von Daten für die Steuerung der Betriebsmittel des CAM. Ergebnisse des CAP sind Arbeitspläne und Steuerinformationen für die Betriebsmittel des CAM (nach AWF).

CAM Computer Aided Manufacturing
CAM beinhaltet die EDV–Unterstützung zur technischen Steuerung und Überwachung der Betriebsmittel bei der Herstellung der Produkte im Fertigungsprozeß. Dies bezieht sich auf die direkte Steuerung von Arbeitsmaschinen, verfahrenstechnischen Anlagen, Handhabungsgeräten sowie Transport und Lagersystemen (nach AWF). Eine wesentliche Aufgabe innerhalb CAM ist die Erstellung, Verwaltung und der Einsatz von NC–Programmen für Maschinen– und Robotersteuerungen, aber auch für Transport–, Materiallager– und Montagesteuerungen.

CAQ Computer Aided Quality
CAQ bezeichnet die EDV–unterstützte Planung und Durchführung der Qualitätssicherung. Hierunter wird einerseits die Erstellung von Prüfplänen, Prüfprogrammen und Kontrollwerten verstanden, andererseits die Durchführung rechnerunterstützter Meß– und Prüfverfahren (nach AWF).

PPS Produktionsplanungs– und –steuerungssysteme
Der Einsatz rechnerunterstützter Systeme zur organisatorischen Planung, Steuerung und Überwachung der Produktionsabläufe von der Angebotsbearbeitung bis zum Versand unter Mengen–, Termin– und Kapazitätsaspekten.

Die Hauptfunktionen sind:

- Produktionsprogrammplanung

- Materialdisposition

- Fertigungsdisposition

- die Termin– und Kapazitätsplanung sowie

- die Stammdatenverwaltung

CAO Computer Aided Administration and Organization
Charakterisiert die DV–Unterstützung zur organisatorischen Planung, Steuerung und Überwachung der büronahen Funktionen der Industrieunternehmung. Die büronahen Hauptfunktionen werden in Abb. 4.3.5–8 gezeigt.

Generell läßt sich zusammenfassen: CAI unterstützt die Integration der Entwicklungs–, Fertigungs–, Logistik– und Büroautomatisierung (vgl. Abb. 2.1–3).

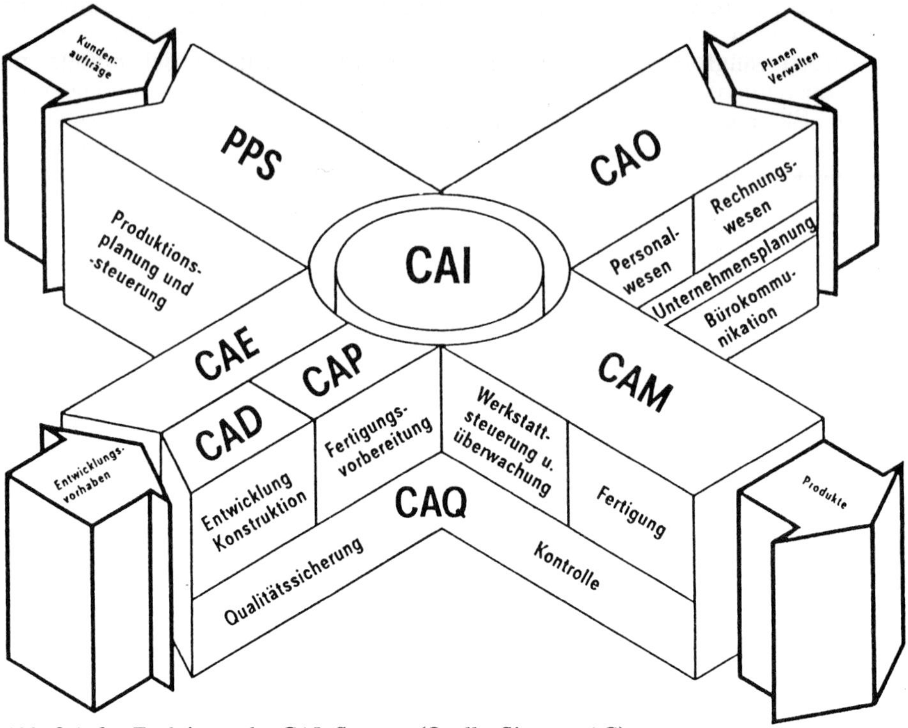

Abb. 2.1–3: Funktionen des CAI–Systems (Quelle: Siemens AG)

Im Rahmen dieser Integrationsbestrebungen bietet die Siemens AG durch die beiden Geschäftsbereiche Automatisierungstechnik und Daten– und Informationstechnik eine Vielzahl von CIM/CAI–Produkten an. Eine Auswahl wird in der Abb. 2.1–4 angeführt. In der sich anschließenden Liste (vgl. Abb. 2.1–5) werden den Abkürzungen für die ausgewählten CIM/CAI–Produkte noch Kurzbegriffe beigefügt. In diesem Zusammenhang soll hingewiesen werden, daß die Siemens AG auch ein wesentlicher CIM/CAI–Komponenten–Anbieter ist.

Wichtig ist, daß die büronahen Funktionen in das Computer–integrierte System miteingebunden werden, denn gerade im Bürobereich liegen noch große Rationalisierungspotentiale: Im letzten Jahrzehnt haben sich im Bürobereich die Kosten mehr als verdoppelt. Die Produktivität stieg aber im selben Zeitraum nur um 5 % an. Insofern sind die Meldungen über die bisher mangelnde Effizienz von DV–Systemen im Office–Bereich nicht aus der Luft gegriffen (vgl. Steinmetz 1988). Ein Grund dafür ist die vorherrschende Art und Weise der Unterstützung durch die Informationsverarbeitung. Sie hat vielfach noch immer den Charakter technischer und organisatorischer, nicht integrierbarer Kleininsellösungen und bedingt infolgedessen eine ganze Reihe ökonomisch relevanter und hinlänglich bekannter Schwachstellen:

- Medienbrüche und damit verbundene manuelle Umsetzvorgänge;
- manueller Transport der Bürodokumente und in der Folge davon
- hohe Bearbeitungszeiten (–kosten) und schließlich
- viel zu lange Durchlaufzeiten.

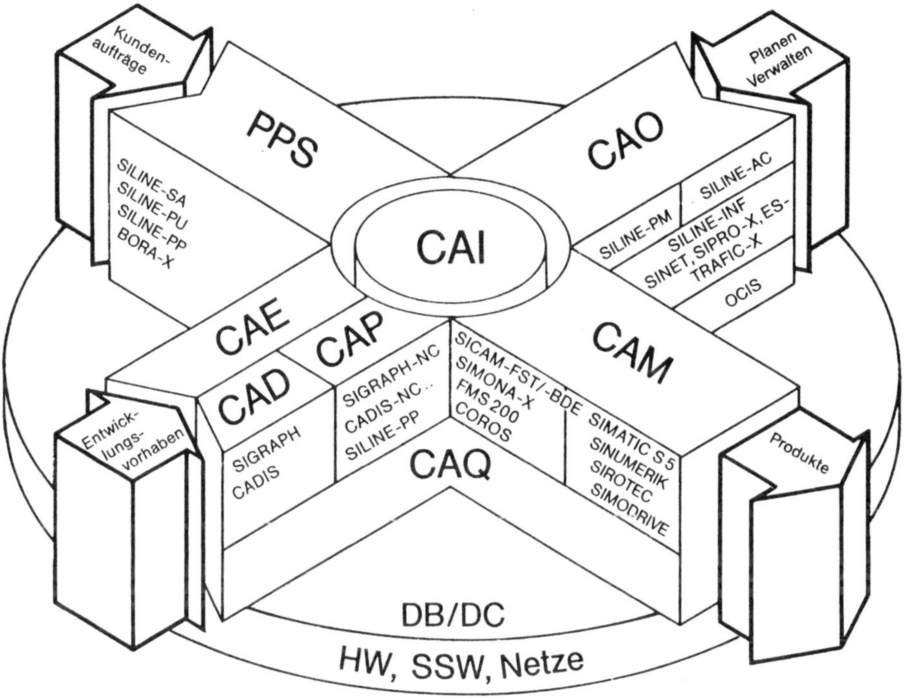

Abb. 2.1–4: Ausgewählte CIM/CAI–Produkte der Siemens AG

CIM/CAI–Systeme weisen stark unternehmensspezifische Definitionen über den Funktionsumfang auf. Bei Firma IBM beispielsweise wird der für den Innovationswettbewerb so wichtige FuE–Funktionsbereich auch deutlich im CIM–Konzept herausgestellt (vgl. Abb. 2.1–6).

Daß die strategische Bedeutung von CIM auch für IBM sehr hoch ist, wird durch folgende Aussagen unterstützt (Quelle: IBM–Pressemitteilung, SZ v. 26.3.1987) (vgl. Abb. 2.1–7).

BORA-X	Werkstattsteuerung, Auftragsfreigabe mit Belastungsschranke
CADIS	Interaktives zweidimensionales System zur mechanischen Konstruktion
COROS	Bedienen und Beobachten
ES-	Endbenutzer-Service
FMS 200	Flexibles Fertigungssystem auf SICOMP-Rechner und auf Workstations
NC-Programmier-systeme	Erstellung von Steuerinformationen für numerisch gesteuerte Fertigungsmaschinen (SIGRAPH-NC, CADIS-NC..)
OCIS	Office Communications and Information Services Produktkonzept für Bürokommunikation
SICAM-BDE	CAM-Betriebsdatenerfassung
SICAM-FST	CAM-Fertigungssteuerung und -überwachung
SIGRAPH	Workstation-Konzept für CAD-Mechanik, Elektrotechnik, Elektronik, Software-Engineering, Anlagentechnik, technische Dokumentation und Archivierung (auf optischen Platten)
SILINE-AC	Accounting/Finanzbuchhaltung
SILINE-INF	Baustein für Informations- und Planungssysteme
SILINE-PM	Personnel Management/Personalverwaltung
SILINE-PP	Production Planning/Produktion
SILINE-PU	Purchasing/Beschaffung
SILINE-SA	SALES/Vertrieb
SIMATIC S5	Speicherprogrammierbare Steuerung
SIMODRIVE	Regelbare Antriebe
SIMONA-X	Anlagenüberwachung – Instandhaltung
SINET	Interaktive Netzplantechnik zur Projektplanung und -steuerung
SINUMERIK	Numerische Steuerung für Werkzeugmaschinen
SIPRO-X	Interaktive Projektplanung stand alone oder in Zusammenarbeit mit SINET
SIROTEC	Automatisierungssystem zum Steuern von Robotern
SITEST	Chips- und Leiterplattenentwicklung und -prüfung
TRAFIC-X	Transportoptimierung und Fuhrparkeinsatzplanung

Abb. 2.1–5: Ausgewählte CIM/CAI–Produkte: Kurzcharakterisierung

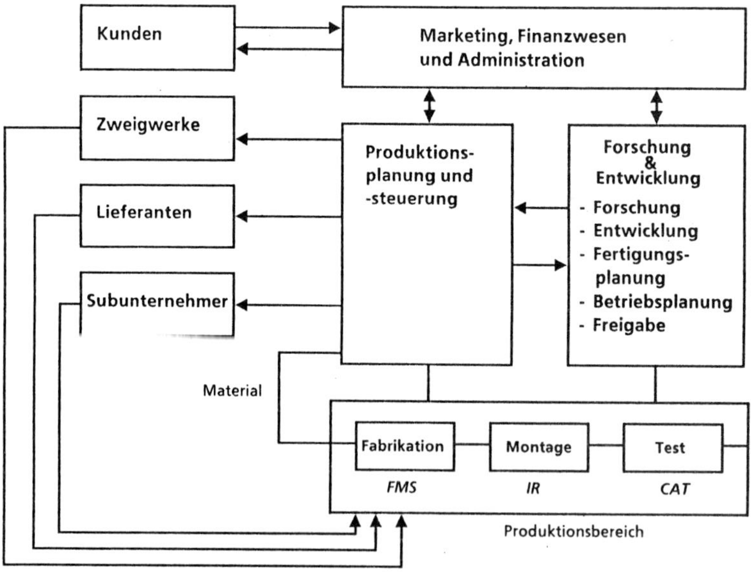

Abb. 2.1–6: CIM Sicht von IBM

- **CIM-Markt:**
  verdreifacht sich (ca. 24 % Wachstum p.a.) im Zeitraum 1985 - 1990
  (Quelle: IBM Europa, Kaspar Cassani)
- **CIM-IBM Marketing Anstrengungen:**
  wurden in den letzten zehn bis fünfzehn Monaten "wesentlich" verstärkt
  (nachdem die Zuwachsraten am allgemeinen Computermarkt nachgelassen haben)
- **auch verstärktes "strategic partnering" für CIM:**
  - mit Fa. Selenia Elsag Gründung einer gemeinsamen Tochter Seiaf in Genua (86)
    Stoßrichtung: elektronische Informationssysteme für die Fabrikautomatisierung
  - mit Fa. Fiat → Fa. Intesa in Turin (3/87)
    Stoßrichtung: elektronisch logistische Systeme (log. Kette mit Zulieferanten)
  - joint-venture mit Fa. Télémecanique (3/87)
    Stoßrichtung: Kopplung IBM Computer mit den Télémecanique -Produkten zur Fertigungsautomatisierung
  - mit Fa. Nissan → gem. Tochter für SW-Programme
- **Forcierung von CIM in den eigenen IBM Werken:**
  (seit 1981 mehrere 100´$)
  in 1987 - 92: Realisierung kompletter CIM-Anwendungen, dadurch erhebliche Produktivitätssteigerung pro Mitarbeiter:

	1981	1986	1992
in "Einheiten"	5.9	13.6	31.7
Steigerung p.a.:	*18 %*	*15 %*	

Quelle: IBM-Pressemitteilung, SZ, 26.3.87

Abb. 2.1–7: Aussagen der Firma IBM zu CIM

2.2 Nutzenpotentiale von CIM/CAI–Systemen

Die Integration von Funktionen bzw. Anwendungen ist eine wesentliche Zielsetzung von CIM/CAI–Systemen. Man kann CIM/CAI in Summe auch als eine Art Verknüpfungstechnologie bezeichnen, die durch den Integrationsnutzen eine im Vergleich zu den Technologielebenskurven (S–Kurven) der einzelnen CAx–Komponenten eine höhere Leistungsfähigkeit aufweist (vgl. Abb. 2.2–1).

Der höheren Leistungsfähigkeit der CIM/CAI–Technologie steht auf der anderen Seite ein höherer akkumulierter Aufwand (Planungs–, Investitions– und Einführungsaufwand) gegenüber.

Zur Klarstellung des Integrationsnutzens und damit der höheren Leistungsfähigkeit eines computerunterstützten, integrierten Ansatzes wird folgendes Beispiel angeführt:

Im Rahmen eines CIM–Konzeptes werden als Folge der Kopplung von CAD über CAP bis zu numerisch gesteuerten Maschinen die einmal eingegebenen Daten den verschiedenen Bereichen zur Verfügung gestellt. Integrationsnutzen heißt, daß die im CAD–System erstellten Geometriedaten auf elektronischem Weg in das CAP–System übernommen werden können. Dadurch entfällt der Zeitaufwand für eine zweite manuelle Eingabe. Zum anderen werden Eingabefehler und Datenverluste vermieden. Dies kommt wiederum der Zuverlässigkeit, der Produktivität und der Produktqualität zugute (vgl. Siemens AG, E 877, 1988). Bereits dieses Beispiel verdeutlicht, daß bei CIM/CAI–Projekten der Gesamtnutzen höher ist als die Summe der Einzelnutzen der CAx–Komponenten.

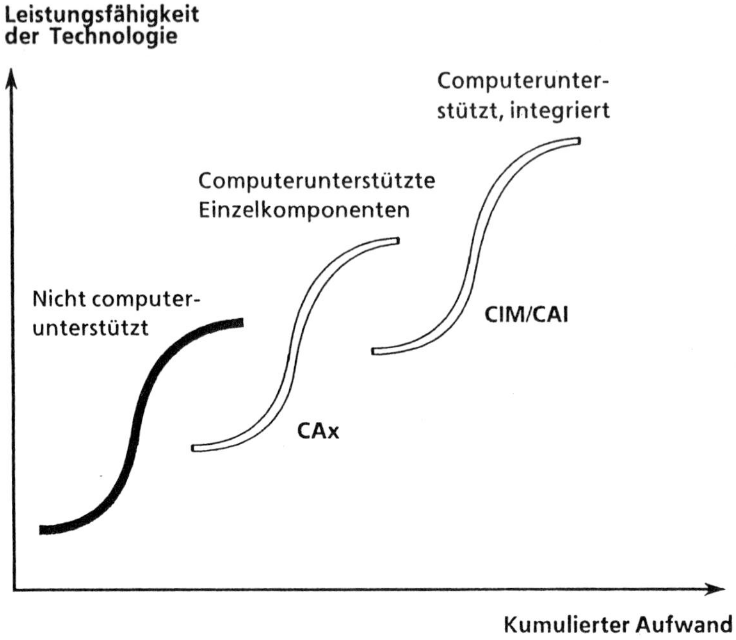

Abb. 2.2–1: Überlagerung von CAx– bzw. CIM/CAI–Technologielebenskurven

• Entwicklungzeiten und -kosten	kleiner
• Vorlauf- und Reaktionszeiten	kleiner
• Durchlaufzeiten	kleiner
• Betände, Halbfertigprodukte	kleiner
• Kapitalbindung	kleiner
• Entscheidungs-, Berichtswege	kleiner
• Personalkosten	kleiner
• Produkt-, Produktionsflexibilität	größer
• Arbeitszeitflexibilität	größer
• Produktivität	größer
• Kapazitätsauslastung	größer
• Multinutzung von Software	größer
• Nutzung verbundener Hardware	größer
• Integration von Aufgaben	größer
• Informatorische Transparenz	größer
• Qualität	größer

Abb. 2.2–2: Nutzenpotentiale von CIM/CAI–Systemen

Die Nutzenpotentiale von CIM/CAI–Systemen sind vielfältig. Anbei eine Auflistung von Vorteilen, die oft bei einer CIM/CAI–Konzeption angestrebt werden (vgl. Abb. 2.2–2).

In der Literatur gibt es viele Angaben über die einzelnen Nutzenpotentiale. In der Abbildung 2.2–3 werden Nutzenpotentiale bei Einsatz von CIM–Systemen angegeben.

Generell müssen Aussagen über Nutzenpotentiale sehr differenziert behandelt werden. Sie hängen besonders von folgenden Kriterien ab:

- Vom konkreten Anwendungsfall und damit von der Branche/Struktur des Geschäftes;

- von der Ausgangssituation und deren Stabilität;

- vom Einsatzzeitraum der CAx–Komponenten;

- von der Berechnungsart der Nutzenquantifizierung usw.

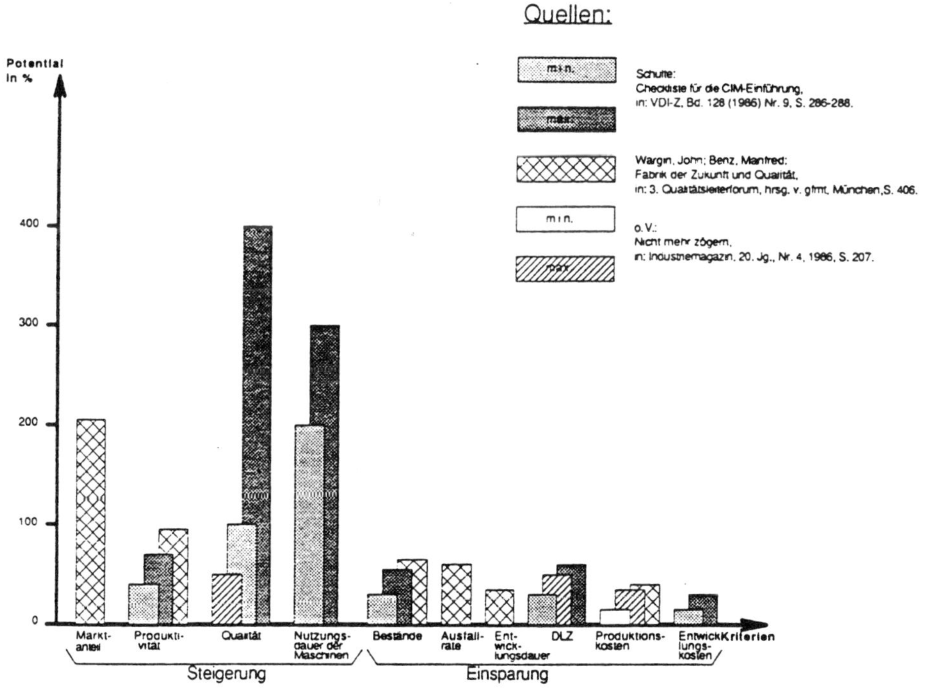

Abb. 2.2–3: Nutzenpotentiale bei CIM–Systemen

2.3 Siemens-interne CIM/CAI-Fallbeispiele

Im Abschnitt 2.3 werden drei Siemens-interne Fallbeispiele, und zwar zwei Fallstudien betreffend CIM und ein CAI-Beispiel, erläutert, die folgendes verdeutlichen sollen:

- Durch CIM/CAI-Realisierungen, die eine anwendungsorientierte Systemarchitektur aufweisen, lassen sich wesentliche Nutzenpotentiale realisieren.

- Unterschiedliche Geschäfte, Strukturen, Erfolgsfaktoren und damit unterschiedliche Zielsetzungen führen zu unterschiedlichen CIM/CAI-Lösungskonzepten.

- Schlußfolgerung: Ein CIM/CAI-System kann man nicht "von der Stange" kaufen.

1. CIM-Konzept für eine kundenspezifische Variantenentwicklung und -fertigung

Das erste Fallbeispiel stammt aus dem Frankfurter Schaltanlagenwerk der Siemens AG (vgl. Waller, Herausforderung an die Produktionstechnik in der Elektroindustrie, 1988).

Dieses Werk fertigt Schaltanlagen und Schaltschränke. Typisch für den Anlagenbau ist die Aufgliederung der Anlage in Subsysteme, z.B. Schaltschränke. Entsprechend der Spezifikation durch den Endkunden und der Projektierung durch den Vertrieb werden diese im Werk bestellt. Dabei ist das Schaltschrankgehäuse normiert und durch maschinenlesbare Fabrikatebezeichnungen gekennzeichnet. Die Tür ist jedoch jedesmal neu zu konstruieren. Konstruktionsparameter dafür sind Art, Anzahl und Anordnung der Instrumente, Schalter und Lüftungsschlitze.

Der strategisch relevante Zeitabschnitt bezieht sich somit auf die Entwicklungszeit und damit auf die Verfahrenskette: Von der Variante zum Produkt.

Durch CAD gelang es, die Durchlaufzeit bei der Türkonstruktion von vier Tagen auf eine Stunde zu senken. In einem interaktiv geführten Dialog werden die Konstruktionsmerkmale abgefragt und die Tür konstruiert. Zusätzlich zur automatischen Zeichnungserstellung und Erzeugung von Arbeitsplan, Stückliste und Auftragsdaten wird das geometrische Teileprogramm mit APT (Automatically Programmed Tools) generiert. Die APT- Teileprogramme werden direkt an den Rechner der Fertigungsvorbereitung transferiert, wo ein Schachtelprogramm die optimale Ausnutzung der Blechtafeln berechnet. Danach werden das Tafelprogramm erzeugt, sowie Werkzeugwechsel und Verfahrenswege optimiert. Nach dem Postprocessing kann das NC-Programm im DNC-Betrieb (Direct Numerical Control) an das flexible Blechbearbeitungszentrum übertragen werden. Nach der Türfertigung und dem Arbeitsgang Lackieren wird die Tür an die Schrankmontage weitergeleitet.

Mit dieser durchgängigen Verfahrenskette und dem flexiblen Blechzentrum konnten die Rüstzeit um 80%, die Durchlaufzeit um 75%, die Bestände um 30% und das Material etwa um 10% reduziert werden. Die flexiblen Blechzentren arbeiten zur Erhöhung der Wirtschaftlichkeit in einer dritten, aufsichtsarmen Schicht.

2. CIM-Konzept für eine Großserienfertigung

Dieses Beispiel bezieht sich auf das Gerätewerk Amberg, in dem eine neue Fertigung für Kleinschütze in Betrieb genommen wurde (vgl. Waller, Die Fabrik mit Zukunft fordert Flexibilität, 1988).

Das Ziel für diese CIM-Konzeption war die Erreichung einer sehr kurzen Lieferzeit, und zwar sollte das vom Kunden gewünschte Schütz innerhalb von 24 Stunden nach Bestellung versandt werden, d.h. strategisch relevant ist in diesem Fallbeispiel die Verfahrenskette: Vom Auftrag zum Versand.

Bei der CIM-Konzeption mußte folgende Kundenauftragsstruktur berücksichtigt werden (vgl. Abb. 2.3-1):

- Ein durchschnittlicher Kundenauftrag besteht aus acht Schützen.

- Etwa die Hälfte aller Kundenaufträge bezieht sich auf sogenannte Randtypen mit etwa 500 Varianten. Die Produktvarianz liegt in der Anschlußtechnik, Befestigungsart, Schaltgliedausführung und in der Betätigungsspannung.

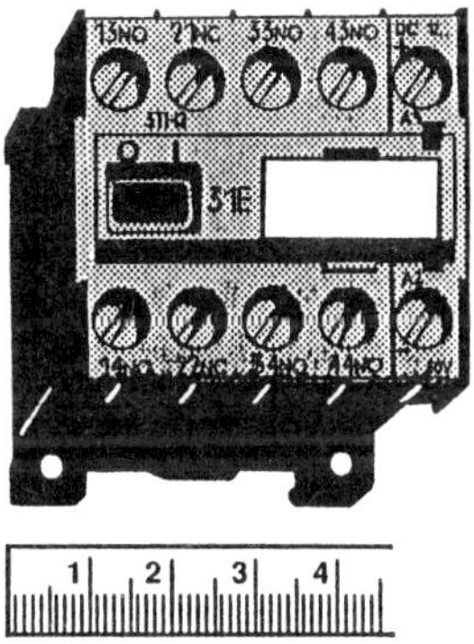

- **50% Kundenaufträge**
- **Losgröße ≥ 1**
- **24-Stunden Lieferservice**
- **Durchschnittlich 8 Schütze je Kundenauftrag**
- **Mehr als 500 Kleinschützvarianten, bedingt durch**
  - **Anschlußtechnik**
  - **Befestigungsart**
  - **Schaltgliedausführung**
  - **Schaltgliedanordnung**
  - **Betätigungsspannung**

Abb. 2.3-1: Ziel und Strukturgrößen einer Kleinschützfertigung

Um das kurze Lieferzeitziel bei den vorhandenen Auftragsstrukturgrößen realisieren zu können, wurden folgende Realisierungsmaßnahmen definiert.

- *Kettenbildung für die Distributions- und Produktionslogistik.*

Aus der Distributionslogistik ist bekannt, welche Varianten am häufigsten und in welchen Stückzahlen vom Markt abgenommen werden. Diese sogenannten Rennertypen werden im Rahmen der Produktionslogistik ohne direkten Kundenauftrag der Fertigung vorgegeben. Sie bilden sozusagen die Grundlast für die Fertigungsstraße. Alle anderen Varianten werden bei Bedarf, also erst bei Auftrag des Kunden, in die Fertigung eingesteuert. Damit sinkt das Bestandsrisiko erheblich, da nur solche Schütze gefertigt werden, die einen hohen Lagerumschlag haben, oder für die bereits ein Auftrag vorliegt. Eine wesentliche Voraussetzung für diese Art der Produktionslogistik sind auch kurze Auftragsdurchlaufzeiten in der Distributionslogistik. Plaziert ein Kunde über eine der Zweigniederlassungen, bei Siemens ist der kundennahe Vertrieb in der BRD in sogenannten Zweigniederlassungen organisiert, bis 15.00 Uhr einen Auftrag, so wird dieser Auftrag bis 15.00 Uhr des folgenden Arbeitstages zum Versand angewiesen, d.h. die Fertigung wird mit einem Tagesprogramm gesteuert (vgl. Abb. 2.3–2).

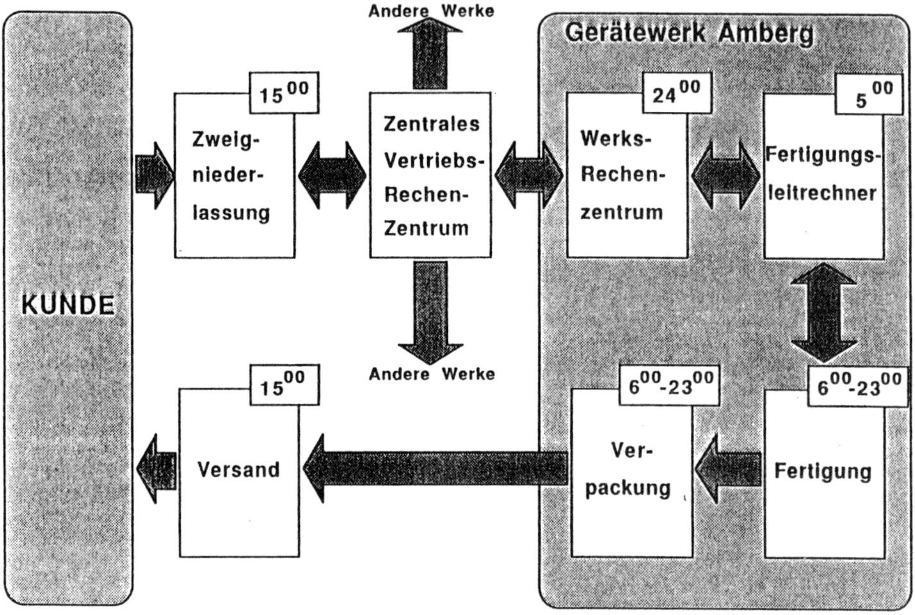

Abb. 2.3–2: Kettenbildung für Distributions– und Produktionslogistik

- *Einsatz eines flexiblen Fertigungssystems in Verbindung mit einem integrierten Informationssystem, um eine Losgröße bis zu einem Stück fertigen zu können:*

Die Schütze werden auf einem klar produktsegmentierten Fertigungssystem (vgl. Abb. 2.3–3) gefertigt, welches aus fünf Fertigungsstraßen für Baugruppen sowie der Endmontage besteht. Kammartig sind die vollautomatischen Fertigungseinheiten für die Baugruppen Magnetjoch, Spule, Anker, Schaltstückträger und Schaltkammer an die ebenfalls vollautomatische Fertigungsstraße für die Endmontage, das Prüfen und das Verpacken angebunden. In 41 autarken Fertigungszellen der Baugruppenfertigung, verkettet durch verschiedenartige Werkstückträger–Transportsysteme, werden die zugehörigen Einzelteile bereitgestellt, zu Baugruppen zusammengefügt und der Endmontage zugeführt. Dabei sind auch

Vorfertigungstechnologien wie Stanzen, Laserschweißen, Punktschweißen und Spulenwickeln neben den sonst überwiegenden Montage– und Prüfvorgängen integriert. D.h., es wurde dabei ein Anlagenlayout realisiert, bei dem das Fließprinzip für das Material bei einem relativ geringen Platzbedarf ermöglicht wurde.

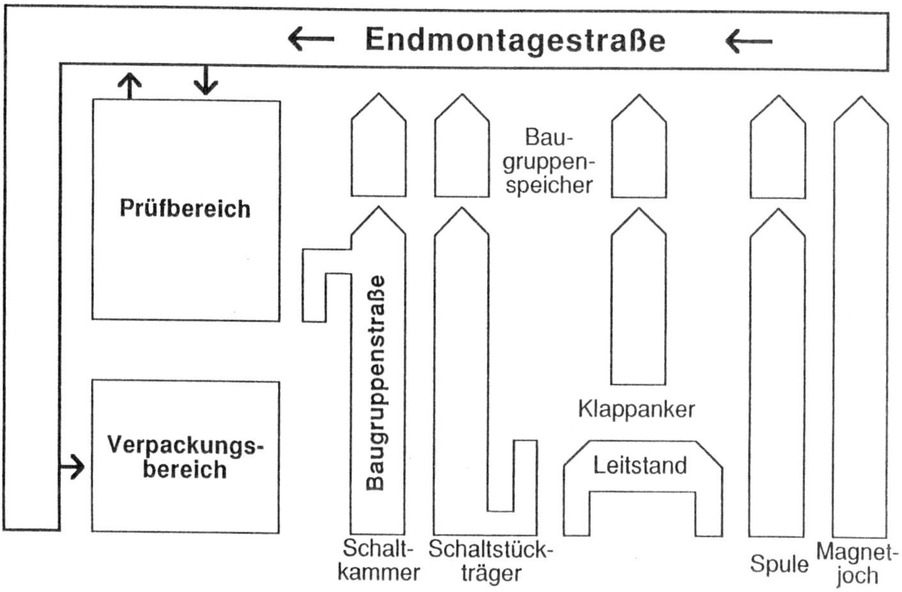

Abb. 2.3–3: Materialfließprinzip, realisiert durch ein produktsegmentiertes Anlagenprinzip

- o Die automatisierte, flexible Fertigung erforderte eine neue, automatisierungsgerechte Konstruktion des Produktes, und zwar in der Form modularer Baugruppenkonzepte, bei denen die Variantenzahl für eine Baugruppe klein bleibt. Damit konnte die Komplexität der Variantenvielzahl wesentlich reduziert werden.

- o Die zugleich hohen Qualitätsanforderungen wurden durch eine durchgängig automatisierte Fertigung bewerkstelligt und dabei sind die Qualitätsprüfungen im Materialfluß integriert. Darüber hinaus ist am Ende des Fertigungsprozesses ein vollautomatischer Prüfautomat installiert, der im vier–Sekundentakt die einzelnen Produkte auf ihre technischen Leistungswerte prüft. Er erhält automatisch die Information, welche Variante zu prüfen ist.

- *Hierarchische Automatisierungsstrukturen bewältigen die Kommunikationsaufgaben:*

Die Automatisierungslandschaft der Schützfertigung ist hierarchisch strukturiert (vgl. Abb. 2.3–4). Mit dieser Aufteilung der Automatisierungsaufgabe gelingt es, den Durchsatz an Informationen zu erhöhen, sowie die Kommunikationslast innerhalb und zwischen den Hierarchieebenen in Grenzen zu halten. So arbeitet jede Ebene zu einem hohen Prozentsatz nur mit den Daten, die ihr zugeordnet sind.

Eine Überlastung durch die Verwaltung von Informationen anderer Ebenen kann daher nicht auftreten, weil Daten, die an andere Ebenen weiterzugeben sind, vorher verdichtet werden. In der untersten Ebene wird angetrieben und gemessen. Komponenten wie Sensoren, Antriebe und Ventile sind hier vorzufinden. Die Ebene der örtlichen Steuerungen und Regelungen übernimmt Aufgaben im Sinne eines autarken Bearbeitungsablaufes von Maschinen und Transporteinrichtungen. 60 freiprogrammierbare Steuerungen steuern die Bearbeitungs- und Montageeinrichtungen der Baugruppen und Endmontagestraße sowie die Prüf- und Verpackungseinrichtungen.

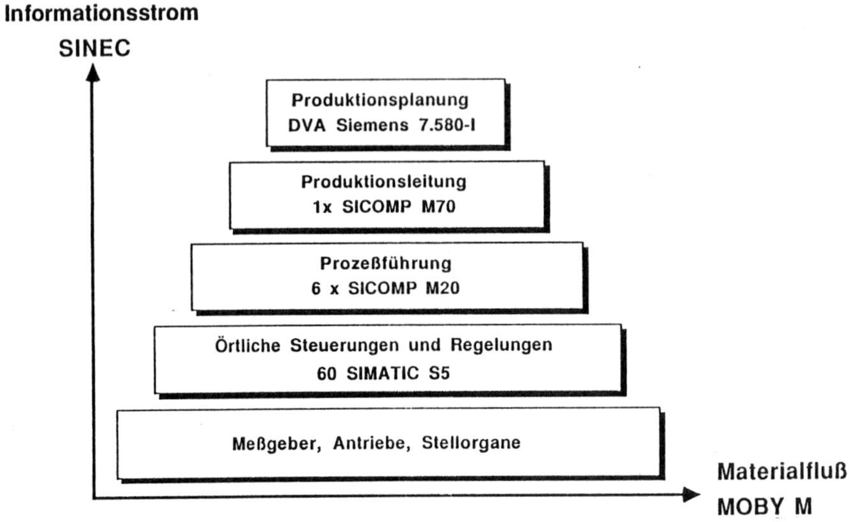

Abb. 2.3-4: Automatisierungshierarchie in der Kleinschützfertigung

Die nächste Hierarchieebene ist die Prozeßführungsebene. Hier werden mehrere Einrichtungen eines Bearbeitungsabschnittes zum autarken Teilsystem, dem flexiblen Fertigungssystem zusammengefaßt. Prozeßrechner führen die Baugruppenfertigungsstraßen, die Endmontagestraße, den Prüf- und Verpackungsbereich. Sie verwalten die Speicherbestände und geben die Aufträge für die Baugruppenmontage vor.

Die Ebene der Produktionsleitsysteme ist das Bindeglied zwischen der Produktionsplanung und der eigentlichen Fertigung. Sie übernimmt logistische Aufgaben: Ein Prozeßrechner koordiniert den gesamten Fertigungsablauf und führt die Feinplanung der Betriebsaufträge durch. Aufgrund der Verfügbarkeit von Baugruppen und etwaigen Prioritäten vergibt der Rechner die Betriebsaufträge. Darüberhinaus meldet er erledigte Aufträge und Kapazitäten zurück und erfaßt Systemdaten.

In der obersten Ebene, der Ebene der Produktionsplanung, werden in einem Rechenzentrum Aufgaben der Kapazitätsplanung, der Materialwirtschaft und der Statistik bearbeitet. Auf dieser Ebene wird der Bedarf mit der Kapazität abgeglichen und die Produktionsprogramm-Tagesscheibe für die Fertigung vorgegeben.

Dem Transport der Informationen in den Ebenen und zwischen den Ebenen dient das Kommunikationssystem SINEC, das für die industrielle Kommunikation entwickelt wurde. Entsprechend der funktionalen Gliederung der Fertigung hat jede Fertigungslinie ihren eigenen Kommunikationsbus. Abhängig vom Datendurchsatz sind die Busse in ihrer Leistungsfähigkeit abgestuft.

Die Werkstückträger sind mit dem mobilen Datenspeicher Moby M ausgestattet (vgl. Abb. 2.3–5). Zusammen mit dem Produkt fließen so die Fertigungs- und Prüfdaten durch den Fertigungsprozeß. Fertigungsdaten, wie beispielsweise benötigte Baugruppen, aber auch Qualitätsdaten, werden über Schreib- und Lesestationen an die einzelnen Bearbeitungsabschnitte übergeben. Somit entfällt in den Leit- und Zellenrechnern das sonst übliche Prozeßabbild zur Materialverfolgung und Informationsvorgabe an die einzelnen Stationen. Der Informationsaustausch zwischen den Ebenen wird dadurch erheblich reduziert. Gleichzeitig wird die Zuverlässigkeit durch das Abspeichern des Fertigungsfortschrittes im Datenspeicher erhöht. So kann bei Herausnahme einer Baugruppe oder bei Rechnerausfall keine Information verlorengehen.

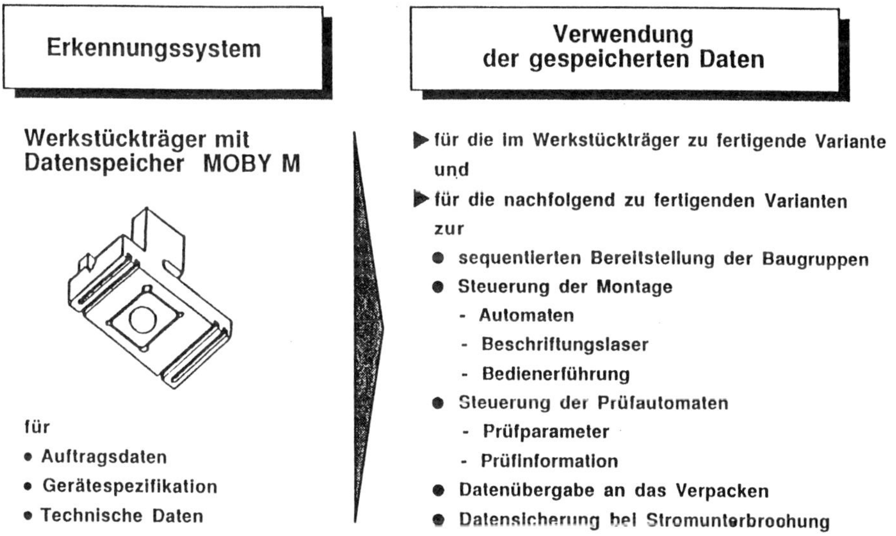

Abb. 2.3–5: Informationsversorgung durch mobile Datenspeicher

Zusammenfassend kann folgende Aussage getroffen werden: Nur mit einem synchronisierten Material- und Informationsfluß, der jeweils auf das Fließprinzip ausgerichtet ist, können die vom Markt geforderten kurzen Lieferzeiten ermöglicht werden.

3. CAI-Konzept für eine Großserienfertigung

Das dritte Fallbeispiel handelt vom Augsburger Werk für Arbeitsplatzsysteme. Das Produktionsspektrum dieses neuen Siemens-Werkes umfaßt (vgl. Maas, Kaltenstadler, Schorer, CAI im Siemens-Werk für Arbeitsplatzsysteme, 1988):

- Kommunikationsrechner
- Mehrplatzsysteme mit dem Betriebssystem SINIX
- Datensichtgeräte
- PC`s mit dem Betriebssystem MS-DOS und
- Tastaturen.

Für diese Produkte sind in zwei Hallen die Endmontage und Systemprüfung untergebracht. Zusätzlich erfolgt hier auch die Systemprüfung für die sogenannten Branchensysteme, wie z.B.

- Bankensysteme,
- Warenwirtschaftssysteme und
- CAD-Workstations,

Produkte, die aus den Komponenten einer modularen Systemfamilie abgeleitet werden.

Das strategische Ziel bei der CAI-Konzeption war: Senken von Beständen und Durchlaufzeiten bei gleichzeitiger Flexibilitätssteigerung. Diese Zielsetzung wurde mit folgenden Gestaltungselementen realisiert:

● *Durchlaufzeitverkürzung durch*

- maschinelle LAN-Kopplung im On-line-Betrieb, Kopplung von betriebswirtschaftlichen mit technischen Prozessen,
- Automatisierung der Produktionsprozesse,
- Verbesserung der Logistikprozesse durch fertigungssynchrone Beschaffung mit der entsprechenden Lieferanteneinbindung (d.h. kein zentrales Materiallager), Betriebsauftragsstart nur bei vorliegendem Kundenauftrag und Materialverfügbarkeit (d.h. keine Lagerung von Halbfertigerzeugnissen bzw. Fertigprodukten) sowie maschinelle Kopplung der Auftragsabwicklung mit Produktion und Lieferung.

- *Hohe Flexibilität durch*

-einheitliches Montage- und Prüfkonzept sowie Steuerung über "Losgröße 1".

- *Hohe Qualität durch*

-On-line-Erfassungs- und Analysesysteme,

-protokollierte Fertigung,

-integrierte Prüfschritte (z.B. 24-Stunden-Dauertest),

- *Beherrschung der Komplexität durch*

-Strukturierung der Verfahren, Daten, Rechner im Hierarchieebenen-Konzept,

-dezentrale Produktionsliniensteuerung.

- Papierarme Fertigung durch Fließfertigung und maschinelle Produktionssteuerung

Auch bei diesem Fallbeispiel wurde, um der zunehmenden Komplexität von CAI-Systemen entgegenzutreten, Verfahren, Daten und Rechner mit Hilfe eines Hierarchieebenen-Konzeptes strukturiert (vgl. Abb. 2.3-6).

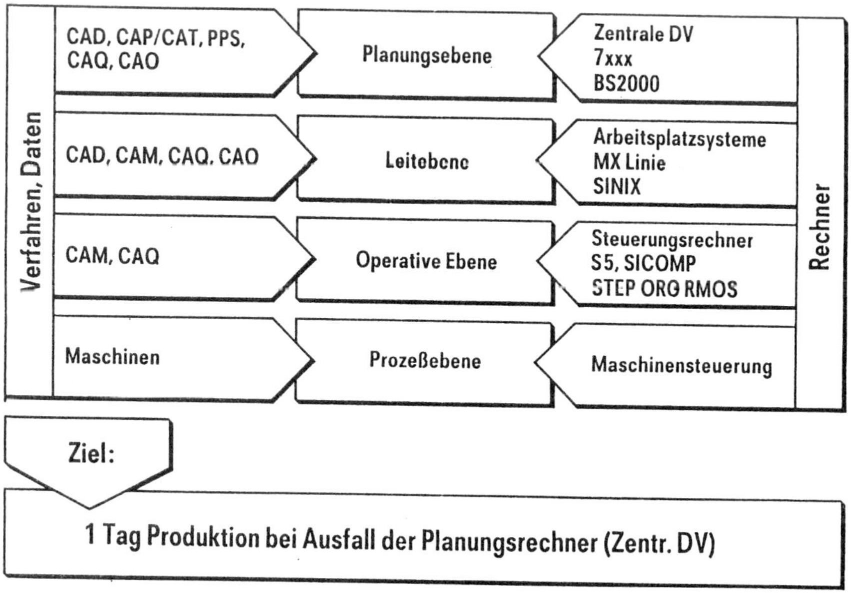

Abb. 2.3-6: Hierarchieebenen-Konzept zur Strukturierung von Verfahren, Daten und Rechnern

Mit der Zuordnung der CAx–Komponenten in Planungs–, Leit–, Operations– und Prozeßebenen konnte eine weitgehende Unabhängigkeit der laufenden Produktion von den Verfahren erreicht werden. Dabei werden für die Planungsebene 7xxx–Rechner mit dem Betriebssystem BS 2000, für die Leitebene hauptsächlich MX–Rechner unter dem Betriebssystem UNIX/SINIX und für die operative Ebene die Rechner SICOMP oder S5–Steuerungsrechner mit entsprechenden Betriebssystemen eingesetzt.

Die Planungsebene beinhaltet die Komponenten PPS, CAO, CAD, CAQ und CAP/CAT. Aus dem PPS–System wird täglich die Auftragsscheibe als Vorgabe je Produktionslinie ermittelt.

Das CAI–Konzept auf der Leit– und Operationsebene orientiert sich am Material– bzw. Produktionsfluß. Für jede Produktionslinie wurde ein funktionsintegriertes System aus einer Reihe von Komponenten erstellt. Einen Überblick über das Zusammenwirken dieser EDV–Komponenten gibt Abb. 2.3–7.

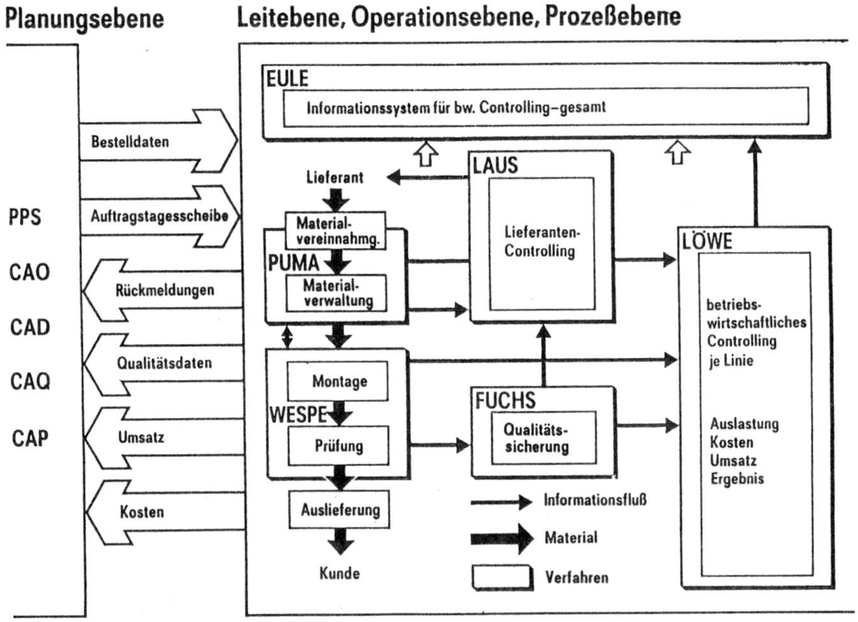

Abb. 2.3–7: CAI–Konzept für Montage und Prüfung im Werk für Arbeitsplatzsysteme

In einem Materialvereinnahmungs– und –verwaltungssystem wird das Material vom Lieferanten voll maschinell übernommen und auftragsbezogen der Linie bereitgestellt (System "PUMA").

Ein Produktions- und Steuerungsverfahren steuert und überwacht den Kundenauftrag vom Montagestart bis zum Versand und sorgt für die Auslieferung der Produkte an die Kunden (System "WESPE").

Wenn Fehler auftreten, werden die entsprechenden Daten erfaßt und an das Qualitätssicherungsverfahren maschinell weitergeleitet (System "FUCHS").

Die Materialnachschubsteuerung, getaktet durch Materialfluß und terminisierte Kundenaufträge, wird mit der Komponente Lieferanteneinbindung durchgeführt (System "LAUS").

Ein betriebswirtschaftliches Controlling je Linie erfaßt, analysiert und wertet eine Vielzahl von Betriebsdaten wie Umsatz, Materialverbrauch und Auslastung aus (System "LÖWE").

Übergeordnet über die gesamte Produktion wurde ein Informationssystem für die Werksleitung konzipiert (System "EULE").

Die einzelnen Komponenten werden auf eigenen Rechnern vor Ort abgewickelt. Funktionelle Verknüpfungen zwischen den Komponenten werden über ein LAN-Netz bereitgestellt.

Moderne CIM/CAI-Konzepte erfordern die Integration von technischen und betriebswirtschaftlichen Prozessen. Hierzu müssen auch unterschiedliche Rechner und Fertigungseinrichtungen funktionell und im On-line-Betrieb gekoppelt werden können. Dabei spielen schnelle Verbindungen im Sekundenbereich einschließlich einer hohen Datenübertragungsrate eine überaus wichtige Rolle. Um durchgängige Prozesse auch im Bereich Büroautomatisierung (CAO), sowie für die CAD/CAP-Kopplung zu erreichen, ist eine abgestimmte Netzwerk-Konzeption notwendig: Beim CAI-Konzept im Werk für Arbeitsplatzsysteme wurde dafür ein LAN-Netzwerk vorgesehen, das auf Ethernet-Technik nach dem OSI-7-Schichten-Modell (vgl. Abschnitt 4.3.8) mit einer maximalen Datenübertragungsrate von 10 Mbit/s aufbaut. Bei der Vernetzung wurde darauf geachtet, daß nur Fertigungseinrichtungen/Automaten auf OSI-Basis zum Einsatz kommen (vgl. Abb. 2.3-8).

Ein wesentlicher Schritt in Richtung Realisierung des CAI-Konzeptes war auch die Strukturierung der Datenhaltung (vgl. Abb. 2.3-9).

Im Entwicklungsbereich werden die Erzeugnisdaten, sogenannte Primärdaten der Entwicklung, festgelegt. Die Datenhaltung ist nach Produkten, Bibliotheken und Strukturdaten eingeteilt. Die Daten entstehen während des gesamten Entwicklungsprozesses von der Logikerfassung bis zur Freigabe an die Fertigung zur Serienproduktion. Alle Produkte sind in den einzelnen Datenbanken mit Führung der Änderungsstände in sich konstistent gespeichert. Die Sekundärdaten aus der Entwicklung werden um Primärdaten der Fertigung angereichert. Die Fertigungsdatenhaltung ist zudem in eine technische und dispositive Datenhaltung strukturiert. Für die Datenhaltung wurde grundsätzlich festgelegt, daß Änderungen an den Erzeugnisdaten ausschließlich in den Primärdaten der Entwicklung vorgenommen werden dürfen. Mit dieser Maßnahme erfolgt ein wichtiger Schritt zur Verbesserung der Datenkonsistenz.

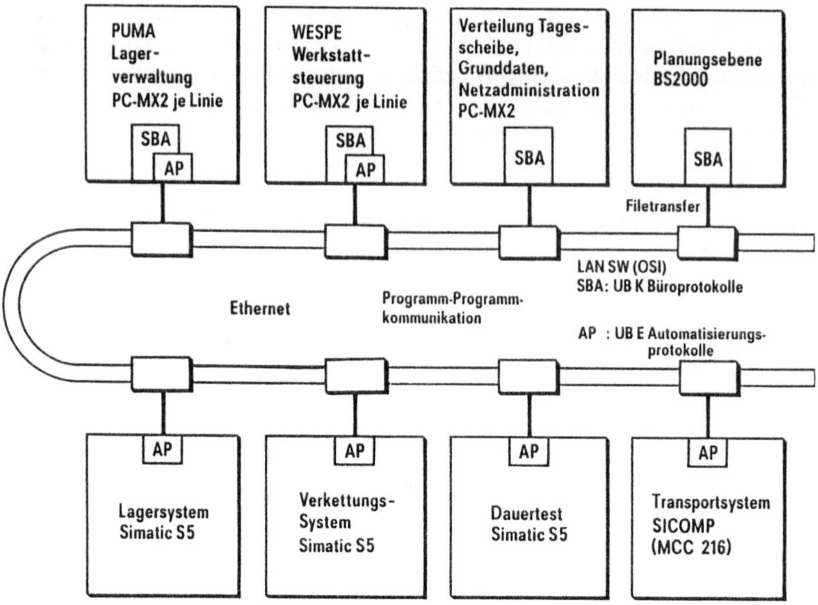

Abb. 2.3–8: Netzkonzept für Planung, Fertigung und Verwaltung im Werk für Arbeitsplatz-systeme der Siemens AG

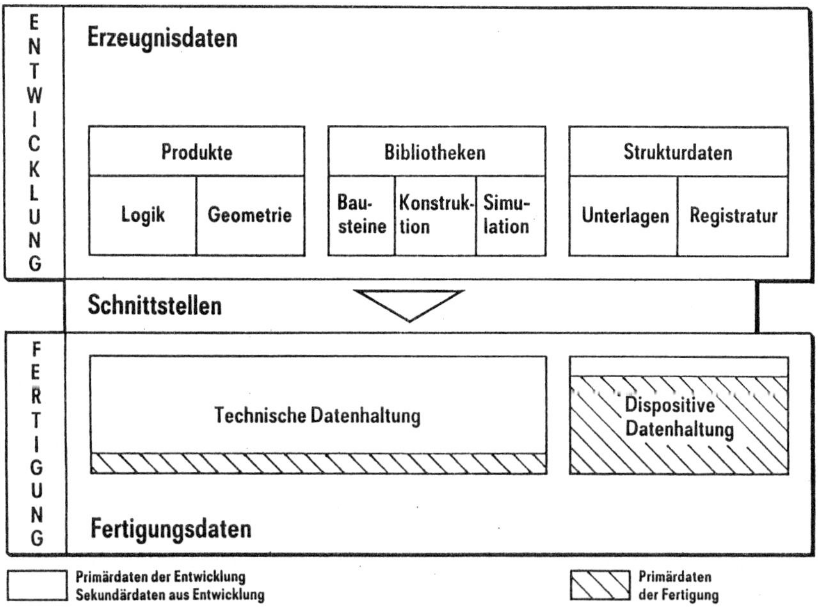

Abb. 2.3–9: Datenhaltungskonzept

An diesem Beispiel wird bewußt herausgestellt, daß gut strukturierte Hierarchieebenen und Datenhaltungskonzepte eine wesentliche Basis eines CIM/CAI-Konzeptes bilden, und daß das Fließprinzip im technisch, wie auch im betriebswirtschaftlich orientierten Informationsfluß nur mit leistungsfähigen LANs möglich ist.

2.4 Hindernisse und manchmal auftretende Planungsschwächen bei CIM/CAI-Konzeptionen

In den angeführten Fallbeispielen wurden und werden durch die CIM/CAI-Systeme wesentliche Wettbewerbsvorteile erzielt. Es gibt jedoch - weltweit betrachtet - auch andere Beispiele, bei denen unter Zeitverzug (Unterschätzung der Komplexität) und mit starker Kostenüberziehung nur relativ geringe Verbesserungen in der Wettbewerbsposition erreicht wurden. Teilweise hat sich sogar in der Zwischenzeit auch eine gewisse Ernüchterung eingestellt. Diese Ernüchterung muß man auch im Rahmen allgemein vorliegender Hindernisse und manchmal auftretender Planungsschwächen sehen.

Hindernisse:

- ***Hohe Fixkostenbelastung***

Eine Expertenumfrage in der BRD zum Themenkreis CIM - ein RKW-Auftrag an die RWTH Aachen (Quelle: VDI-Zeitung vom 22.7.1988) wurde unter dem Begriff "Sorgen mit der Fabrik von morgen" wie folgt zusammengefaßt (vgl. Abb. 2.4-1):

Den Vorteilen bei

- der Einsparung der variablen Kosten (z.B. Datenerfassung),
- der höheren Effizienz des Controllings und
- der höheren Qualität der Kalkulation

steht besonders der Nachteil

- der hohen Fixkostenbelastung gegenüber (77% der Experten führten diesen Punkt an).

Gerade bei den starken finanziellen Belastungen der Unternehmen in der BRD, wie hohe Unternehmensgewinn-Besteuerungen, hohe Arbeitskosten (vgl. Abb. 1.0-9) usw. kann diese hohe Fixkostenbelastung - langfristig sind sie natürlich veränderbar -, besonders bei relativ kleinen Weltmarktanteilen kritisch werden. Daraus leitet sich die Konsequenz ab: Die Nutzenpotentiale von CIM/CAI-Systemen müssen relativ schnell zu entscheidenden Wettbewerbsvorteilen, sprich Umsatzerhöhungen, führen, um trotz erhöhter Fixkosten (Kapitalkosten) wirtschaftlich erfolgreich agieren zu können. Dies ist wiederum nur dann möglich, wenn die CIM/CAI-Strategien voll in die Unternehmungs- und Geschäftsstrategien passen.

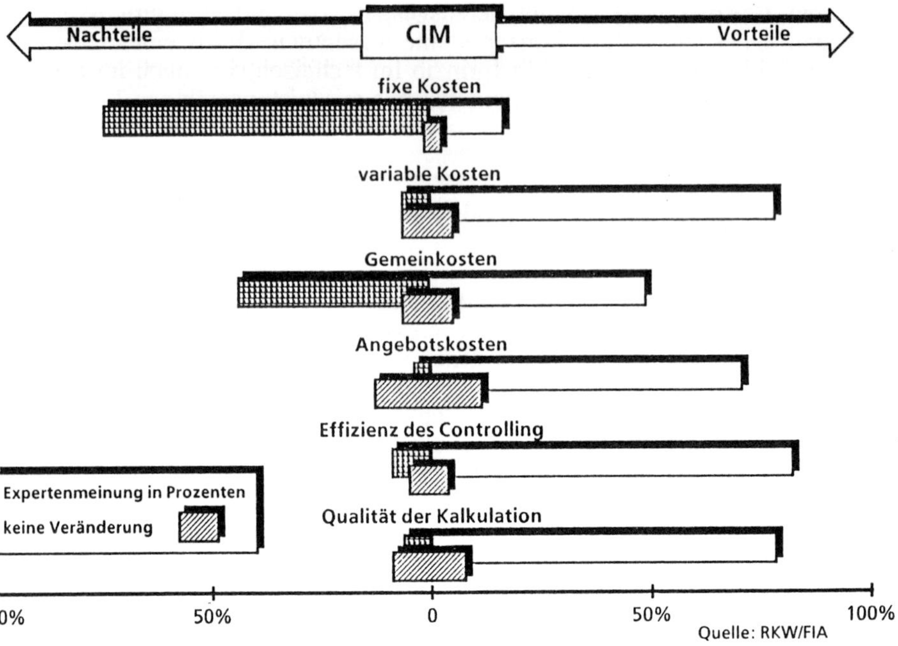

Abb. 2.4–1: Auswirkungen von CIM (Basis einer Expertenumfrage)

• ***Noch keine stabilen Standards/Protokolle***

Bei den industriellen Kommunikationsnetzen sollten die Rechner der DV–Hersteller, die Steuerungen der Automatisierungssysteme der entsprechenden Steuerungshersteller und die Werkzeugmaschinen, die von den Werkzeugmaschinenherstellern auf dem Markt angeboten werden, anschließbar sein. Dieses Problem bei den heterogenen Netzen wird sehr stark noch durch die oft herstellerspezifischen Schnittstellen der vorher angeführten Herstellergruppen, welche die CIM/CAI–Branche prägen, verursacht. Die drei "unterschiedlichen Welten" – vgl. Abb. 2.4–2 –, die im allgemeinen stetig ihr Produktspektrum in die jeweils "andere Welt" erweitern, sind:

- DV–Hersteller (Rechner, Betriebssysteme, systemnahe Software und Anwendersoftware);

- Steuerungshersteller (Speicherprogrammierbare Steuerungen (SPS));

- Werkzeugmaschinenhersteller (NC– und DNC–Werkzeugmaschinen, spezifische Bearbeitungsautomaten, usw.).

So bieten beispielsweise Werkzeugmaschinenhersteller auch schon komplette rechnergesteuerte Fertigungssysteme an. Steuerungshersteller entwickeln Industrieroboter und NC–Programmiergeräte mit CAD–Funktionen. Rechnerhersteller offerieren DNC– und BDE–Systeme.

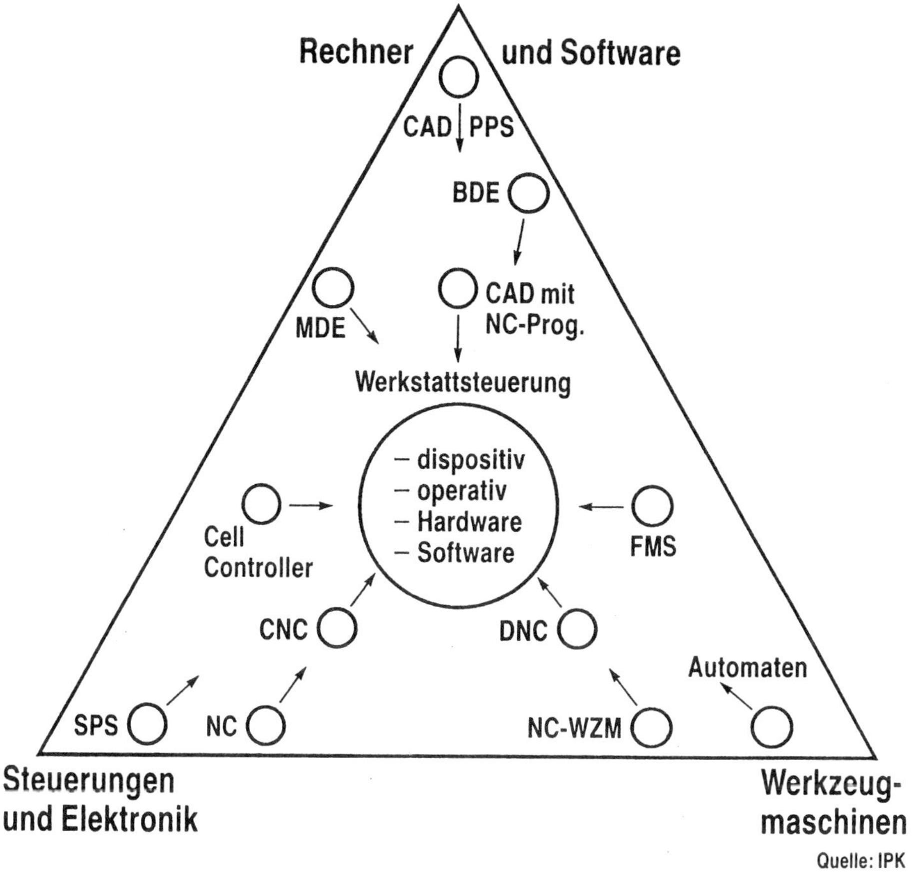

Abb. 2.4–2: Drei Herstellergruppen sind in der CIM/CAI–Branche tätig

Nun, heterogene Netzwerke erfordern eine offene Kommunikation, d.h. die Übertragung und Sicherung der Daten und damit die Verständigungsmechanismen, d.h. die Protokolle müssen vereinheitlicht werden. Deshalb gibt es dazu starke weltweite, europäische und nationale Normungsbestrebungen, die unter den Begriffen MAP, TOP, OSA usw. zu finden sind.

MAP (Manufacturing Automation Protocol)
Die Normungsbestrebungen in den letzten Jahren sind durch das energische Eintreten des Automobilherstellers General Motors auf MAP gerichtet worden. MAP ist dabei, ein defacto–Standard für die Kommunikation zwischen Automatisierungssystemen im Produktionsbereich zu werden. Das Protokoll basiert auf dem OSI–Referenzmodell. Von den großen DV– und Steuerungsherstellern gibt es relativ klare positive Aussagen zu der MAP 3.0–Version, die 1986 verabschiedet wurde:

- IBM beabsichtigt die Bereitstellung von Hilfen zur Migration von Anwendungen für MAP 2.1 zu MAP 3.0 (Quelle: Markt und Technik, Nr. 39 vom 22. Sept. 1989).

- Hewlett-Packard bietet seit Oktober 1989 MAP 3.0-Produkte in der Preisliste an.

- Aussage von DEC, Chris Ellam: "MAP ist DEC`s strategische Richtung für Produkte zur Kommunikation in der Automation".

- Aussage der Siemens AG, Klaus Wucherer: "Wir gehen in Richtung MAP, denn MAP 3.0 ist technisch gesehen eine sehr gute Lösung, zu der es keine Alternative gibt, aber zunächst müssen wir unseren Kunden die Migration in Form des Gateways zu MAP anbieten" (Quelle w.o.).

Trotz dieser grundsätzlich positiven Aussagen zur Zukunft von MAP 3.0 muß die Ist-Situation jedoch kritisch betrachtet werden, da die notwendigen Companion-Standards auf Basis von MMS (Manufaturing Message Specification) der Anwendungsschicht L 7 (vgl. Abb. 2.4-3) für spezifische Automatisierungsgeräte-Klassen, wie Robot-Control, Speicherprogrammierte Steuerungen usw. noch nicht definiert sind.

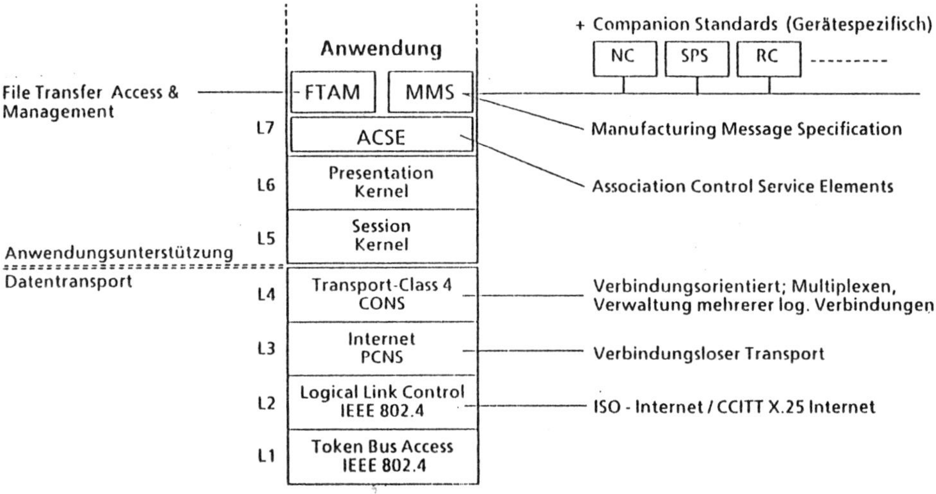

Abb. 2.4-3: MAP 3.0-Profil (ISO-Adaption) (Quelle: Siemens AG)

TOP (Technical and Office Protocol)
Unter dem Namen TOP hat die Firma Boeing ein Protokoll spezifiziert, das auf die Anforderungen der Bürokommunikation und der dort verwendeten CSMA/CD-Netze zugeschnitten ist. Bestandteil des TOP-Konzeptes war und ist der Datenaustausch mit MAP.

OSA (Open System Architecture)
Auf europäischer Ebene arbeiten 21 bedeutende DV–Hersteller und Anwenderfirmen im Rahmen des Forschungsprojektes ESPRIT an der Entwicklung einer offenen Systemarchitektur für CIM. Neben der Definition von Schnittstellen soll hier eine Abgrenzung der Funktionen von DV–Systemen und Subsystemen erfolgen. Dazu ist eine einheitliche Beschreibung der Funktionen – Erzeugung, Verarbeitung, Verteilung, Darstellung – notwendig. Die CIM–OSA–Referenzarchitektur enthält drei Referenzmodelle für

- das Produktionsunternehmen,
- den Informationsfluß und
- die CIM–Implementierung.

Die CIM–Implementierung beinhaltet Standardstrukturen in Form von Richtlinien, auf die die Hersteller von CIM–Komponenten aufsetzen sollen, um kompatible Produkte und Subsysteme für eine unternehmensspezifische Lösung entwickeln und anbieten zu können.

Trotz dieser teilweise noch nicht stabilen Standards wäre es jedoch verfehlt, eine CIM/CAI–Konzeption deshalb zeitlich hinauszuschieben. Der wesentliche Grund, der dagegen spricht, liegt in der Wettbewerbsdynamik, die sich voraussichtlich noch weiter verschärfen wird und die zumindest bei größeren Industriebetrieben nur mit einer entsprechenden Computer–integrierten Lösung beherrscht werden kann.

Für Anlagen, die derzeit mit umfangreichen Kommunikationsaufgaben zu bauen sind, bietet die Siemens AG im Rahmen der Strategie einer normenbegleitenden Entwicklung das Kommunikationsprotokoll SINEC AP (Automation Protocol) an, das in den transportorientierten Schichten (1 bis 4) internationale Normen verwendet.

- *Schwer quantifizierbare Nutzenpotentiale*

Aufgrund der Gegebenheit, daß die für CIM/CAI–Systeme notwendigen Planungs–, Investitions– und Einführungsaufwendungen sehr hoch sind, ist die Forderung betreffend eines Nachweises der Wirtschaftlichkeit mehr als berechtigt. Und gerade dieser Nachweis ist jedoch schwierig, da sich eine kostenbezogene Bewertung mit konventionellen betriebswirtschaftlichen Methoden, wie interne Zinsfußmethode etc., kaum durchführen läßt (vgl. Siemens AG, E 877, 1988, S.11 ff.). Die reine Investitionsbetrachtung kann hier nicht angesetzt werden, da die Bewertungen stets auf augenblicklich gültigen Randbedingungen basieren, die sich während der langfristigen Realisierungsphase von CIM/CAI–Systemen verändern können und werden. Neben den monetären Gesichtspunkten müssen auch die schwer quantifizierbaren Faktoren wie

- schnellere Reaktion auf Marktveränderungen,
- bessere Koordinierungsmöglichkeit mit den Zulieferanten,

- höhere Flexibilität bei wechselnden Produktionsprogrammen,

- redundanzärmere, aktuelle Datenbestände,

berücksichtigt werden. Jedoch gerade die schwer quantifizierbaren Faktoren bilden oft die strategisch relevanten Nutzenpotentiale, und dafür gibt es im wesentlichen nur qualitative Bewertungsansätze, wie Chancen-/Risikenbetrachtungen oder Nutzwertanalysen, die wenig "greifbar" sind.

- *CIM/CAI-Systeme können nicht "von der Stange" gekauft werden.*

CIM/CAI-Systeme müssen jeweils auf die

- strategischen und operativen Ziele eines Unternehmens,

- Struktur des Geschäftes und

- Ausgangssituation der Unternehmung bezüglich des DV-Durchdringungsgrades

zugeschnitten werden. Daher ist dies allgemein verbunden mit komplexen Planungsvorgängen. Die erhöhte Komplexität bei typischen CIM/CAI-Vorhaben im Vergleich zu konventionellen Einzelprojekten liegt in den folgenden beispielhaft angeführten Besonderheiten

- der größere Umfang an Funktionen und die damit größere Integrationsaufgabe,

- die längere Projektdauer,

- die größere strategische Tragweite und

- die größere finanzielle organisatorische Tragweite.

Der erhöhte Komplexitätsgrad führt auch allgemein dazu, daß es oft erhebliche Probleme gibt, CIM/CAI-Planungsteams richtig zu besetzen. Oft fehlt eine spezifische Ausildung, die es ermöglicht, die vielen Abhängigkeiten im Gesamtzusammenhang zu sehen und damit CIM/CAI-Planungen professionell zu realisieren.

Neben diesen Hindernissen treten manchmal auch spezifische Schwächen bei der Planung auf, die bei einigen Projekten nicht zum gewünschten Wettbewerbserfolg geführt haben:

- Manchmal wurden die strategisch relevanten Erfolgsfaktoren, die ein CIM/CAI-System zu erfüllen hat und die zu entsprechenden Wettbewerbsvorteilen führen können, zu wenig fundiert und ohne direkte Einbindung der Vertriebs- bzw. Marketingabteilungen festgelegt.

Dies führte dazu, daß CIM/CAI-Ziele zu wenig auf externe Belange, d.h. zu wenig auf eine Markt-, Wettbewerbs- und Kundenorientierung ausgerichtet wurden. Vielfach überwiegt bei der Konzeption der CIM/CAI-Systeme die meistens nach innen ausgerichtete Fertigungssicht (vgl. Abb. 4.3.3–1). Dies führt auch zu folgendem Problemkreis:

- Manchmal wurden von der Fertigung isoliert Automatisierungsprojekte angestoßen, ohne daß

  - eine weitreichende Sicht über die zumindest nächste Produktgeneration und die eventuell notwendigen neuen Produkt-System- und Materialtechnologien vorhanden war;

  - für eine entsprechende logistische Einbettung gesorgt wurde. Es ist wesentlich, daß die Nutzenpotentiale eines Automatisierungsprojektes auch über die nachgelagerten Fertigungsstufen vollständig in externe Markterfolge übergeführt werden.

- Manchmal wurde die Lücke zwischen den Zielen der strategischen Unternehmens- und Geschäftsplanung zu den Zielen der operativen Planung nicht geschlossen. Folge ist, daß die für CIM/CAI relevante Zielhierarchie zu wenig synchronisiert war und daß damit auch die Ziele für die einzelnen Funktionsbereiche, wie FuE, Produktion, Logistik, Qualitätssicherung usw. zu wenig aufeinander abgestimmt, d.h. harmonisiert waren.

- Manchmal wurden CIM/CAI-Systeme zu sehr auf bestehende Funktionen, Abläufe und Technologien zugeschnitten. D.h., man hat mögliche Auswirkungen neuer Technologien, Funktionen und Abläufe, die sich weltweit abzeichnen, zu wenig in den CIM/CAI-Vorhaben berücksichtigt. In diesem Fall wurde durch ein CIM/CAI-System eine Struktur "zementiert", die bei den immer kürzer werdenden Produktzyklen evtl. schon in Bälde überholt ist und die man dann nurmehr mit großem Aufwand ändern kann.

- Manchmal wurde zu schnell mit der Einzelplanung von CAx-Komponenten begonnen, obgleich noch keine abgesicherte Gesamtrahmenplanung für das gesamte CIM/CAI-Vorhaben vorlag.

- Manchmal wurden notwendige und CIM/CAI-systembegleitende Maßnahmen, wie notwendige Änderungen in der Aufbau- und Ablauforganisation und in der Mitarbeiterweiterbildung, zu spät ergriffen.

Ziel der Ausführungen im Abschnitt 2 war es darzustellen, welche Nutzenpotentiale durch CIM/CAI-Projekte realisiert werden können, aber auch aufzuzeigen, daß strategisch relevante Vorteile nur dann über ein CIM/CAI-System erreicht werden können, falls professionell geplant, d.h. wenn viele Einflußfaktoren, aber auch Risiken, die sich beispielweise durch noch nicht festgelegte Standards abzeichnen, bewußt in die Planung mit eingebaut werden. Es hat keinen Sinn, Hindernisse und Probleme, die bei einer CIM/CAI-Einführung entstehen können, zu verniedlichen. Es macht jedoch auch keinen Sinn, mit solchen Projekten zu warten, denn die Wettbewerbsbedingungen, besonders durch die globalen Geschäftsstrategien von Mitbewerbern, insbesondere von japanischen Wettbewerbern, die auch nun CIM mit großem Fokus forcieren, werden nicht leichter, sondern nur kritischer.

3 Schritte in Richtung CIM/CAI

Basierend auf Erfahrungen, gesammelt durch konkrete Siemens CIM/CAI–Projekte, werden nun einige Leitlinien definiert, die mithelfen sollen, daß mittels CIM/CAI–Systeme entscheidende Wettbewerbsvorteile erzielt werden können. Zusätzlich werden die Problemkreise, die sich aus manchmal auftretenden Planungsschwächen und Hindernissen ergeben, mit berücksichtigt.

3.1 Leitlinien

- CIM/CAI–Planungen müssen auf konkreten, d.h. quantifizierten Unternehmungs– und Geschäftszielen aufsetzen. Geschäfts– und Funktionsstrategien für Marketing, FuE, Fertigung, Logistik usw. müssen harmonisiert sein, d.h. bei den Funktionsstrategien ist eine horizontale Durchgängigkeit vonnöten (vgl. Abb. 3.1–1).

  Auf die Geschäftsstrategien, wie Kostenführerschaft oder Differenzierung, wird in Abschnitt 4.1 noch näher eingegangen und diese sollten wettbewerbs–bestimmende, eigene Stärken, die in den Funktionsbereichen vorliegen, mit einbeziehen.

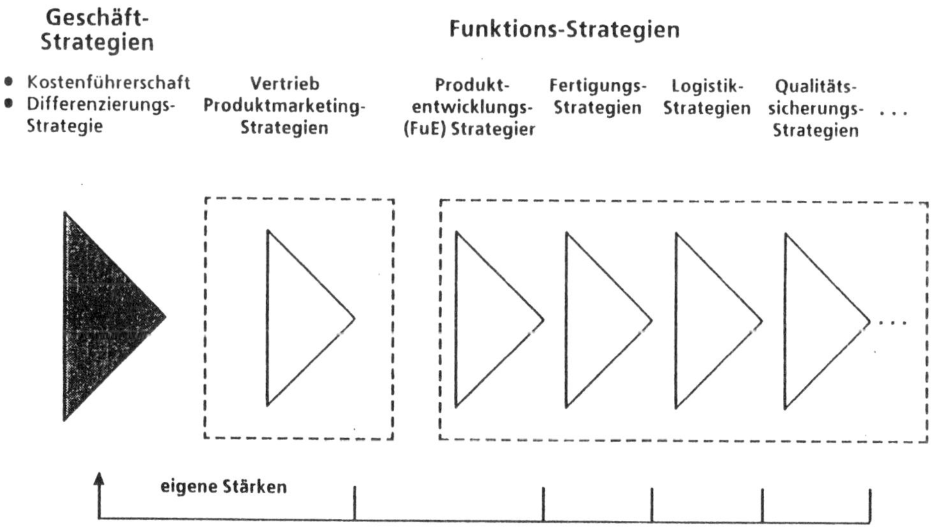

Abb. 3.1–1: Horizontale Durchgängigkeit von Strategien und Zielen

Manchmal tritt der Fall auf, daß die Funktionsbereiche innerhalb einer Unternehmung jeweils andere Zielsetzungen verfolgen, die isoliert gesehen richtig und notwendig sind.

Zum Beispiel:

- Der Vertrieb strebt häufig eine breite Produktpalette und möglichst frühe Produkteinführungstermine an.

- Die Produktentwicklung (FuE) forciert vielfach die neuesten (oft nicht stabilen) Produkttechnologien, um eine möglichst hohe System-/Produktleistung zu erzielen.

- Die Fertigung schreibt sich meistens die Zielsetzung der Produktivitätsverbesserung auf die Fahne.

- Die Logistik konzentriert sich besonders auf einen guten Lieferservicegrad .

- Die Qualitätssicherung strebt eine Null-Fehler-Qualität an.

Das Verfolgen jeweils unterschiedlicher Zielsetzungen führt jedoch nur zu Suboptima, welche durchgestochen für das gesamte Unternehmen betrachtet, nur zu einer gewissen Mittelmäßigkeit führt. Auch bei einem CIM/CAI-Einsatz können, falls die Informationsintegration auf diesem Zustand aufbaut, keine signifikanten Wettbewerbsverbesserungen erreicht werden.

- *Vertikale Durchgängigkeit von Strategien und Zielen ist notwendig:*

Bei Industrieunternehmungen kommt es in Einzelfällen vor, daß eine Lücke zwischen der strategischen und operativen Planung besteht. Daraus ergibt sich, daß in diesen Fällen operative Maßnahmen nicht notwendigerweise in den Rahmen der Geschäftsziele passen. Ein Grund dafür ist, daß die Geschäftsstrategien und -ziele nicht auf die Funktionsbereiche heruntergebrochen werden und daß damit die notwendige Transparenz der Ziele bis auf die Mitarbeiterebene fehlt. Dazu ein Beispiel: Durch die operative Maßnahme - Umwandlung des relativ hohen Zeitlohnanteils in einen höheren Prämienlohnanteil - kann eine wesentliche Unterstützung der Unternehmungs- bzw. Geschäftsziele erreicht werden. Der Prämienlohn, der entsprechende Anteil ist im Durchschnitt zu den Akkord- und Zeitlohnanteilen gering, ist eine Entlohnungsform, mit der spezifische Erfolgskriterien, wie Fehlerfreiheit, Anlagennutzung, Materialverbrauch, bewußt unterstützt werden können. Im Gegensatz dazu steht beispielsweise der Zeitlohn, der "nur" auf der abgeleisteten Zeit aufbaut. Natürlich ist der Prämienlohn schwierig einzuführen, es bedarf einer eigenen Betriebsvereinbarung und sorgfältiger Vorbereitungen durch entsprechende Arbeits- und Zeitstudien. Falls es jedoch gelingt, den Zeitlohn verstärkt durch den Prämienlohn zu ersetzen, können damit wesentliche Unternehmensziele/Erfolgsfaktoren spezifischer durch diese Entlohnungsform unterstützt werden.

Wesentliche Wettbewerbsvorteile lassen sich somit nur durch vertikal durchgestochene Strategien, Ziele und Maßnahmen erreichen.

Auf CIM/CAI bezogen heißt das, daß bei der Planung eines Computer-integrierten Informationssystems sichergestellt werden muß, daß die notwendige Datentransparenz bezüglich der Zieldurchgängigkeit aufgebaut wird.

- Da die umfassende CIM/CAI-Einführung ein relativ langwieriger Prozeß ist, dürfen kurzfristig wirkende Ziele, momentan vorhandene Engpässe und Abläufe, nicht die gestaltungsbestimmenden Faktoren sein. Es darf nicht dazu führen, daß durch eine CIM/CAI-Einführung vorhandene Strukturen, Funktionen und Abläufe "zementiert" werden. Vielmehr müssen die Vorstellungen über das zukünftige Geschäft, die damit verbundenen neuen Technologien, Funktionen und Abläufe das prägende Element für eine CIM/CAI-Konzeption sein.

  Natürlich müssen pragmatische und auch schnell wirkende Konzepte entwickelt werden. Zudem sind Zielprojektionen über die nächste und besonders über die übernächste Produktgeneration mit wesentlichen Unsicherheiten verbunden. Es ist jedoch zwingend, die Bandbreiten der Unsicherheiten etwas klarer zu formulieren, daß darauf die notwendige Modularität und Flexibilität der CIM/CAI-Konzeption besser abgestimmt werden kann. Je nach der System-Ausgangssituation sollten dabei möglichst modulare Schnittstellen-Lösungen gefunden werden, die es erlauben

  - Funktionsketten mit unterschiedlichem Automatisierungsgrad zu integrieren,

  - manuelle Zwischenzustände eines geplanten, automatisierten Ablaufs auch während der Realisierungsphase handhaben zu können,

  - bestehende Einzellösungen auch mit z.Z. vorhandener Funktionalität integrieren zu können,

  - den Hardware-Fortschritt mit seinen kurzen Innovationszyklen zu inkorporieren.

- Vor der konkreten Einzelplanung der CAx-Komponenten sollte durch entsprechende Gestaltungsmaßnahmen die Komplexität des Ist-Zustandes reduziert werden. D.h. ein CIM/CAI-System sollte auf möglichst einfachen und beherrschten Funktionen, Abläufen und Prozessen aufsetzen.

  Dazu gehören beispielsweise folgende Maßnahmen, die im Rahmen des Abschnittes 4.3 noch ausführlicher behandelt werden:

  - Gezielte Typen- und Teilereduzierungen, modulare Produktkonzepte, prozeßgerechte Produktgestaltung, Variantenspreizung erst in den hohen Fertigungsstufen usw.;

  - einfache, selbstregelnde Strukturen, wie sie durch die Konzepte JIT, Fertigungssegmentierung/Gruppentechnologie angestrebt werden;

  - Reduzierung der Fertigungstiefe bei Teilen und Baugruppen, die nicht auf den strategisch relevanten Produkt- und Fertigungstechnologien aufbauen;

- Reduzierung der Zahl der Lieferanten durch die Festlegung von Vorzugslieferanten, mit denen eine fertigungssynchrone Beschaffung realisiert werden kann;

- Reduzierung der Kommunikationsbeziehungen durch das Definieren von Automatisierungshierarchien.

Die Einführung von CIM/CAI–Systemen sollte mit der folgenden Planungsreihenfolge begonnen werden:

1. Transformieren der Unternehmungs– und Geschäftsziele, d.h. der strategischen Ziele in kurz–, mittel– und langfristige CIM/CAI–Ziele.

2. Vereinfachen des Ist–Zustandes, Beherrschen der Prozesse durch gezielte Maßnahmen in den entsprechenden Gestaltungsfeldern. Definieren relativ zukunftsicherer Funktionen, Aufbau– und Ablauforganisationen, mit denen das wahrscheinlich zukünftige Geschäft und deren Ziele voraussichtlich am besten realisiert werden können.

3. Gestaltung des Material– und Informationsflusses im Rahmen einer Gesamtbetrachtung.

4. Grobgestaltung der CAx–Komponenten.

5. Planung und Realisierung der einzelnen CAx–Komponenten.

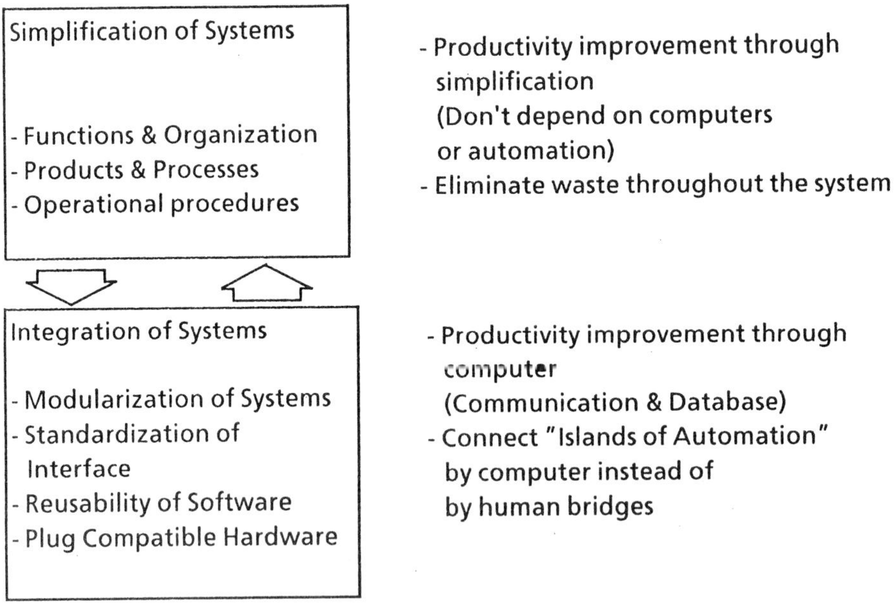

Abb. 3.1–2: Toshiba's Leitlinien im Rahmen einer CIM–Einführung

Sehr wesentlich ist der Simplifizierungsschritt und damit auch die Konzentration auf Prozesse, die unmittelbar zur Wertschöpfung beitragen. Gerade mit den Just-in-Time-Ansätzen wird sehr genau analysiert, inwieweit jeder einzelne Arbeitsgang, Transport-, Lager- und Prüfvorgang auch tatsächlich zur Wertschöpfung eines Produktes beiträgt. In der englischsprachigen Literatur wird dies mit "Eliminate of waste" umschrieben. Dieses Konzept wird besonders von japanischen Wettbewerbern verfolgt. Im Rahmen der CIM-Einführung von Toshiba für das Ome-Werk in Japan wurden in diesem Zusammenhang folgende Leitlinien - vgl. Abb. 3.1-2 - verwendet.
Zusammengefaßt sollte ein CIM/CAI-Vorhaben so durchgeführt werden, wie in Abb. 3.1-3 beschrieben wird.

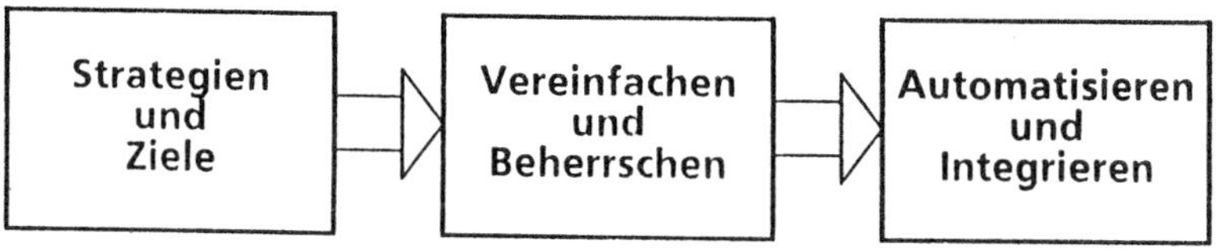

Abb. 3.1-3: Reihenfolge für eine CIM/CAI-Einführung

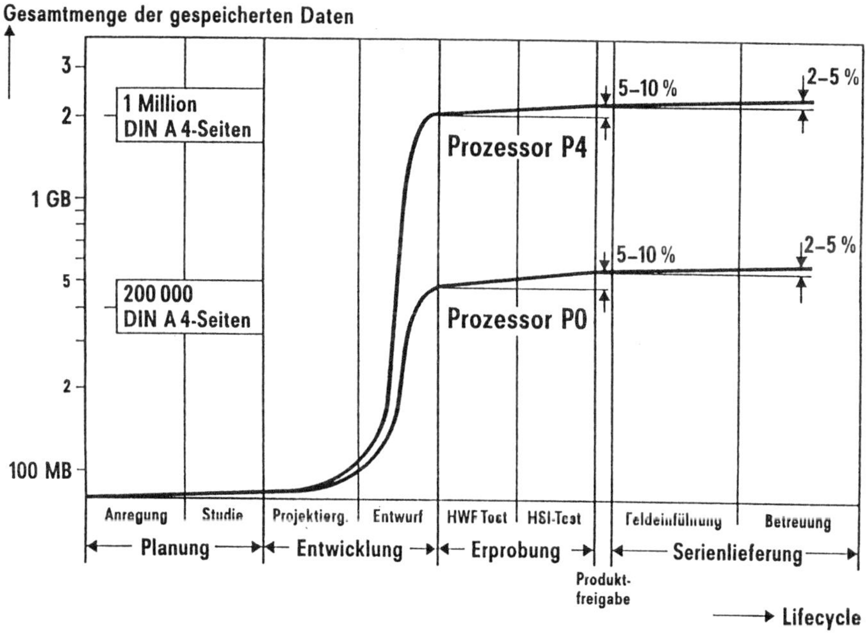

Abb. 3.1-4: Verlauf bei einer mainframe-Prozessorentwicklung gespeicherten Datenmenge

- "Nur wer die Komplexität im Produktentwicklungsprozeß beherrscht, ist zu Innovationen fähig" (vgl. Schwärtzel, Informatik in der Praxis, 1986, S.66 ff.)

Die Komplexitätssprünge bei beispielsweise großen digitalen Elektronik–Systemen, wie öffentliche oder private Vermittlungssysteme und mainframe–Prozessoren – gemessen in lines of code oder in gespeicherten Datenmengen – führen dazu, daß es nur mit sehr fortschrittlichen Analyse–, Simulations– und Konstruktionswerkzeugen möglich ist, die Komplexität im Entwicklungsprozeß für diese Systeme zu beherrschen (vgl. Abb. 3.1–4).

Die dazu notwendigen Werkzeuge müssen in Zukunft verstärkt in ein durchgängiges CAD–System eingebunden werden. Der Trend, der sich dabei abzeichnet, wird in der Abb. 3.1–5 dargestellt (vgl. Schwärtzel 1986, S.115).

	Entwicklungsziel	Methode	Hilfsmittel
1960	Prototyp (HW + vollständige Beschreibung)	● manuell ● einfache Testwerkzeuge ● Versuchsschaltung ● µCode: manuell	● Zeichnungen ● Netzlisten ● Lochstreifen, Lochkarten
1980	Informationspool auf Schaltelementebene für Systemteile ● konsistent ● korrekt ● erschöpfend	● Stromlauf manuell ● Regelüberprüfung: automatisch ● Konstruktion: automatisch ● Prüfprogramm: halbautomatisch ● µCode: halbautomatisch ● Simulation (Schaltelement bis LSI)	● Testanlage zur Verifikation des Informationspools ● Durchgängiger CAD-Verfahrensablauf (halbautomatisch)
Zukunft	Informationspool auf allen Entwurfsebenen für das Gesamtsystem	● Simulation auf allen Ebenen ● Autom. Konstruktion (alle Ebenen) ● Autom. Herstellung aller Prüfprogramme	● Durchgängiges CAD-System für Konstruktion, Simulation, Prüfprogrammerstellung ● Testanlagen zur Systemerprobung

☐ HW-orientiert ▩ SW-orientiert

Abb. 3.1–5: Entwurftrends bei großen Elektroniksystemen

- Für eine erfolgreiche CIM/CAI–Einführung sind folgende Vorausssetzungen zu schaffen:

– Es muß beim Unternehmer die Bereitschaft vorhanden sein, auch langfristig in CIM/CAI zu investieren.

– Es muß eine Führungsmannschaft aufgebaut werden, die die erforderlichen Kompetenzen erhält und professionell das gesamte CIM/CAI–Projekt führt.

- Das eingesetzte CIM/CAI–Management muß mit großer Entscheidungskompetenz ausgestattet sein, damit die notwendigen funktionsbereichsübergreifenden Beschlüsse und Maßnahmen schnell getroffen werden können.

- Die Realisierung muß in überschaubaren Schritten erfolgen.

3.2 Organisation für ein CIM/CAI–Vorhaben

Die Einführung eines CIM/CAI–Vorhabens bedarf einer sorgfältigen Planung des eigenen Vorgehens und dafür wird folgende Organisation - vgl. Abb. 3.2–1 - vorgeschlagen:

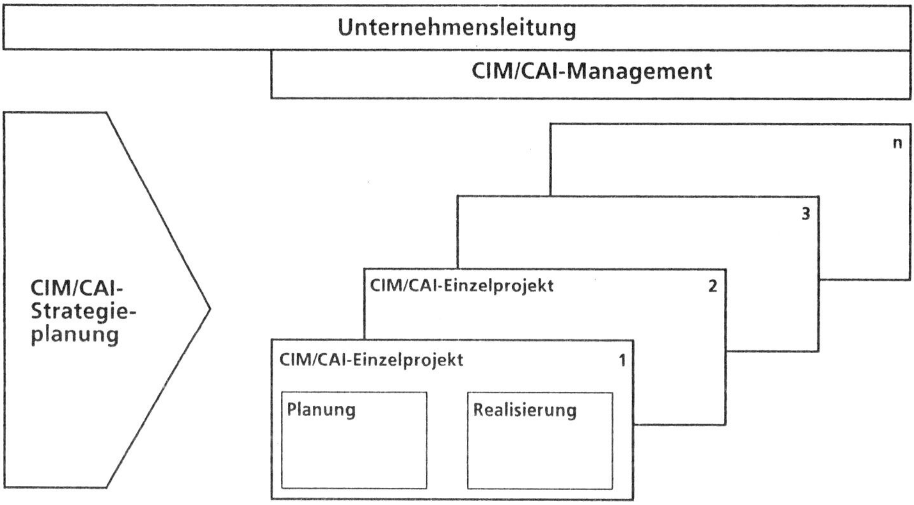

Abb. 3.2–1: Organisation für ein CIM/CAI–Vorhaben

Diese Organisation schließt ein schrittweises Vorgehen ein, denn nur in diesem Fall kann die entsprechende Planungs- und Realisierungskomplexität beherrscht werden. Da die CIM/CAI–Einführung im wesentlichen eine unternehmerische Entscheidung ist, muß die Unternehmensleitung in alle Prozeßphasen des CIM/CAI–Vorhabens gut eingebunden werden.

Die CIM/CAI–Strategieplanung setzt auf den Unternehmens- und Geschäftszielen auf und daraus werden, wie in den Abschnitten 4.1 und 4.2 noch beschrieben wird, die relevanten CIM/CAI–Ziele abgeleitet. Danach werden die notwendigen Gestaltungsmaßnahmen - vgl. Abschnitt 4.3 - so definiert, daß damit die Zielvorgaben realisiert werden können. Die Strategieplanung schließt mit dem CIM/CAI–Rahmenplan ab, der auch die Zeitfolge für die Einzelplanung und Realisierung der CAx–Komponenten enthält.

Das Strategieplanungsteam sollte zweckmäßigerweise, um später auch die Akzeptanz und Umsetzung des CIM/CAI-Vorhabens sicherzustellen, aus den wesentlichen Fachabteilungsleitern Marketing, Produktentwicklung, Fertigung, Logistik, Qualitätssicherung usw. bestehen; es sollten jedoch auch externe wie interne Unternehmens- bzw. Systemberater miteinbezogen werden.

Das CIM/CAI-Management, welches erst nach der CIM/CAI-Strategieplanung, d.h. nach Verabschiedung des Rahmenplans durch die Unternehmensleitung installiert wird, muß sicherstellen, daß die Ziele und Gestaltungsmaßnahmen auch in den CIM/CAI-Einzelprojekten realisiert werden. Daher sollten neben dem CIM/CAI-Projektleiter die wesentlichen Know-how-Träger des CIM/CAI-Strategieteams auch die Mitglieder des CIM/CAI-Managementteams sein. Wegen der abteilungsübergreifenden Tätigkeiten muß das CIM/CAI-Managementteam direkt der Unternehmungsleitung unterstellt sein.

Die schrittweise Planung und Realisierung der CAx-Einzelprojekte wird durch einzelne Projektteams durchgeführt. In diesen Arbeitsgruppen müssen die entsprechenden Linienverantwortlichen, aber auch Systemberater tätig sein. In der Realisierungsphase verschiebt sich ein starker Tätigkeitsanteil auf die CIM/CAI-Komponentenhersteller.

Generell hängt der Erfolg einer CIM/CAI-Einführung wesentlich von den Fähigkeiten der Teammitglieder ab, die komplexen betrieblichen Zusammenhänge zu überschauen und modellhafte Vorgänge im Rahmen einer Gesamtsicht zu entwickeln.

Da im Rahmen der CIM/CAI-Strategieplanung die wesentlichen Akzente gesetzt werden, wie die schrittweise Integration zu einem Ganzen zu erfolgen hat, werden in den nächsten Abschnitten ausschließlich die Planungsphasen der CIM/CAI-Strategieplanung behandelt.

4 CIM/CAI-Strategieplanung

Ziel der CIM/CAI-Strategieplanung ist es, ein Gesamtkonzept zu definieren, in dem aufbauend auf den aus der Geschäftsstrategie abgeleiteten Zielen die strategisch relevanten Gestaltungsfelder konzipiert werden, die einerseits maßgeblich ein CIM/CAI-System beeinflussen bzw. deren Gestaltungselement-Festlegung die wesentliche Voraussetzung bildet, daß ein CIM/CAI-System eine möglichst große Hebelwirkung bezüglich Verbesserung der Marktpostion erzielt. Andererseits ist das CIM/CAI-System selbst ein wesentliches Element im Gestaltungsfeld Informationssystem. In diesem Zusammenhang wird in der CIM/CAI-Strategieplanung ein Rahmenplan festgelegt, der beinhaltet, welche Funktionen in den CAx-Komponenten enthalten sein sollen, wie die CIM/CAI-Systemarchitektur aussehen soll und in welcher zeitlichen Reihenfolge die Einführung der CAx-Einzelkomponenten erfolgen muß. Durch diese Planungsvorgehensweise wird eine integrierende Betrachtungsart sichergestellt, in der CIM/CAI nicht nur als ein informationstechnisches Werkzeug gesehen wird, sondern einen entscheidenden Bestandteil der Unternehmungsführung darstellt. Für die Vorgehensweise wird der Phasenplan lt. Abb. 4.0-1 vorgeschlagen.

Die Vorgehensweise bei einer CIM/CAI-Strategieplanung sollte so angelegt sein, daß ungefähr in einem halben Jahr das Strategiegesamtkonzept mit dem CIM/CAI-Rahmenplan der Unternehmungsleitung präsentiert werden kann. Ein halbes Jahr ist für dieses komplexe Thema eine relativ kurze Zeitspanne, jedoch gerade bei einer CIM/ CAI-Einführung ist Zeit meistens eine sehr kritische Größe, und es sollte durch eine pragmatische Vorgehensweise auch erreicht werden, daß schnell konkrete Erfolge durch das CIM/CAI-Vorhaben nachgewiesen werden können. Um diese Zeit im Schwerpunkt einzuhalten, sind folgende Voraussetzungen notwendig:

- Im Rahmen von vorbereitenden Aktivitäten sollten mit der Unternehmensleitung das Planungsfeld und die CIM/CAI-Planungsorganisation festgelegt werden. Es ist natürlich auch wesentlich, daß die in den meisten Fällen schon vorliegenden Unterlagen über Wettbewerberstrategien, Zielmärkte und -kunden usw. schon vorab gesichtet und kurz aufbereitet werden, sodaß das Planungsteam sehr schnell mit dem gleichen Informationsniveau ausgestattet zu den eigentlichen Planungsarbeiten kommt.

- Das Strategieteam muß mit sehr kompetenten Leuten besetzt werden, die das Geschäft kennen, und die neben ihrer Tagesarbeit die notwendige Planungszeit für dieses strategisch wichtige Projekt aufbringen können.

- Das Team darf sich im Laufe der Planungsdurchführung, obwohl die Gefahr groß ist, nicht zu sehr in Details verlieren, sondern muß sich auf die jeweils wirklichen "Knackpunkte" konzentrieren.

Günstig ist es immer dann, mit einer CIM/CAI-Strategieplanung zu beginnen, wenn gerade vorher einschneidende Entscheidungen, z.B. für

– die Aufnahme eines neuen Geschäftsfeldes oder Produktes,

– die Errichtung einer neuen Fabrik,

– den Anstoß einer Produktentwicklung für die nächste Produktgeneration getroffen wurden.

Die einzelnen Planungsschritte werden in Abb. 4.0–2 nochmals zusammengefaßt und stellen die Themen der folgenden Abschnitte dar.

Vorbereitende Aktivitäten:	- Abgrenzen des Planungsfeldes - Planungsorganisation - Erschließen der Informationsquellen

Planungaktivitäten:	• **Aufbereitung der Planungseingangsgrößen:** - Zielgrößen - Restriktionen / Einsatzfaktoren - IST-Zustand - Wettbewerber-Informationen
	• **Ermitteln der Ziele und Ziellücken:** - externe Ziele - interne Ziele - Ziellücken
	• **Gestaltungsfelder: Erarbeiten von Alternativen** - Produkt - Produktentwicklung (FuE) - Fertigung - Logistik - Qualitätssicherung - Marketing und andere büronahe Funktionen - Organisation - Informationssystem
	• **Ermitteln der Planungsausgangsgrößen:** - Strategiekonzept mit dem CIM/CAI-Rahmenplan

Erfolgssicherung durch strategisches Controlling

Abb. 4.0–1: Vorgehensweise bei der CIM/CAI–Strategieplanung

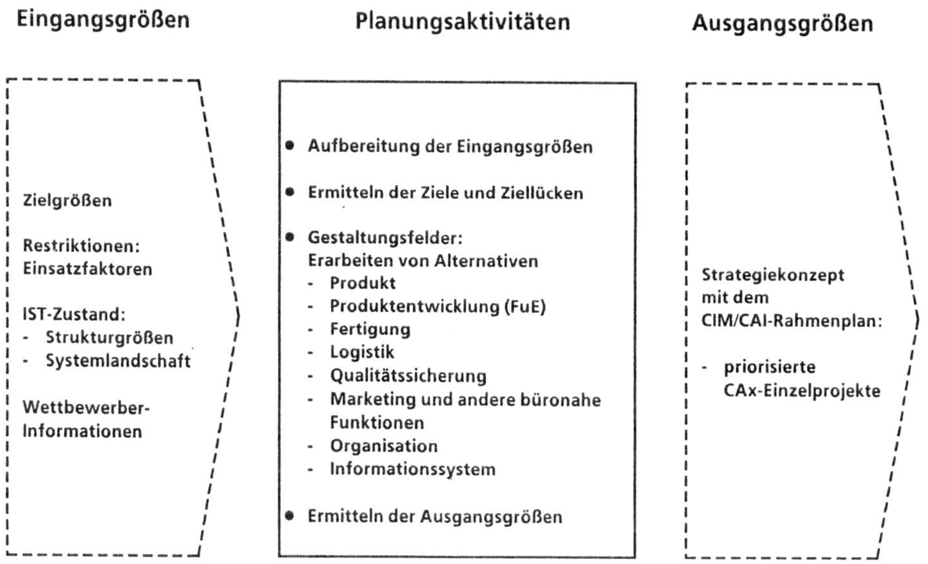

Abb. 4.0–2: Planungsaktivitäten der CIM/CAI–Strategieplanung

Die Planungsaktivitäten enden mit einer Entscheidung der Unternehmensleitung zu dem CIM/CAI–Rahmenplan, welcher auch mit einer Nutzen–/ Aufwandabschätzung versehen werden muß. Bei einer Befürwortung erfolgen die weiteren Planungsschritte durch die CAx–Einzelprojektteams (vgl. Abb. 3.2–1).

Durch das CIM/CAI–Management sollte in bestimmten Zeitabschnitten oder bei gravierenden Ereignissen durch ein strategisches Controlling festgestellt werden, ob die Ziele, Strategien, Gestaltungsalternativen noch in das Wettbewerbsumfeld passen, oder ob gezielte Änderungen vorgenommen werden müssen.

Computer–integrierte Systeme sind mit hohen Kosten verbunden und deshalb muß das CIM/CAI–Management eine sehr starke Kontrollfunktion ausüben, damit die Ziele und die Nutzenpotentiale auch tatsächlich verwirklicht werden. Häufig werden bei der Marginal–Renditen–Rechnung von Investitionsvorhaben Einsparungseffekte angenommen, die sich später als nicht machbar erweisen, bzw. die auch bezüglich tatsächlicher Einhaltung nicht überprüft werden. Bei CIM/ CAI–Systemen potenzieren sich die Ausgaben, die Pay–back–Perioden verschieben sich häufig nach hinten und deshalb sind starke Controllingfunktionen ein unbedingtes Muß.

4.1 Aufbereiten der Planungseingangsgrößen

Bei der Aufbereitung der Planungseingangsgrößen werden die Größen analysiert, zusammengestellt und verdichtet, die voraussichtlich einen wesentlichen Einfluß auf das zu gestaltende CIM/CAI–System haben werden, und diese sind beispielsweise (vgl. Abb. 4.1–1).

Zielgrößen:
- Unternehmens-, Geschäftsstrategien und -ziele
- Kaufentscheidende Faktoren
- Vertriebsziele
- Relevante Branchenziele
- Zielwerte für die einzelnen Funktionsbereiche FuE, Fertigung, Logistik usw.
- Umsatzplan/Produktionsprogramm

Restriktionen:
- Einsatzfaktoren, wie Mitarbeiter, Investitionen usw.

IST-Zustand:
- Strukturgrößen, wie Produkt-, Kunden- und Fertigungsstrukturen
- Systemlandschaft

Wettbewerber-Informationen:
- Innovationszyklen bei den Produkten
- CIM-, JIT- und Automatisierungskonzepte usw.

Abb. 4.1–1: Beispiele von relvanten Planungseingangsgrößen

Zu: Unternehmens–, Geschäftsstrategien und –ziele:

Diese Eingangsgrößen sind natürlich sehr branchenspezifisch; im allgemeinen beinhalten die Unternehmensziele Größen wie Rentabilität, Wachstum, Produktivität usw. Diese Größen beziehen sich auf die gesamte Unternehmenseinheit und stellen somit nur einen breiten Zielrahmen dar.

Geschäftsstrategien sind schon CIM/CAI–spezifischer und schließen Ziele bezüglich der Veränderungen der relativen Wettbewerbsposition ein, die der Relation des Marktanteils des eigenen Geschäftsfeldes im Vergleich zu dem des führenden Wettbewerbers entspricht. Die Basis ist hierbei eine Geschäftseinheit bzw. ein Geschäftsfeld, d.h. eine Einheit aus Produkten, Produkt– oder Fabrikategruppen, oder ein Produktkonto, für die eine einheitliche und von anderen Produkteinheiten unabhängige Geschäftsstrategie formuliert werden kann.

Grundlegende Geschäftsstrategien, wie sie z.B. von Porter (vgl. Porter, Competitive Advantage – Creating and Sustaining Superior Performance, 1985, S.11 ff.) definiert werden, sind:

– Low–cost bzw. Kostenführerschaftsstrategie,

– Differenzierungs– und

– Fokussierungsstrategie

Während sich, nach Porter, die Kostenführerschaft- und die Differenzierungsstrategie auf **breite** Industriesegmente beziehen, konzentriert sich die Fokussierungsstrategie auf die Realisierung von entscheidenden Wettbewerbsvorteilen durch eine low-cost- oder Differenzierungsstoßrichtung bezogen auf **schmale** Industriesegmente. Aufgrund dieser Definition bestehen die eigentlichen Basisstrategien aus der Kostenführerschafts- und der Differenzierungsstrategie.

Kostenführerschaftsstrategie

Bei dieser Strategie hat die Realisierung einer low-cost-Position relativ zu Wettbewerbern absolute Priorität und steht im Mittelpunkt der geplanten Ziele und Maßnahmen. Jedoch dürfen Qualität, Lieferfähigkeit, Service etc. nicht vernachlässigt werden; der branchenübliche Standard muß mindestens gehalten werden.

Ein Erfolg dieser Strategie ist zu erwarten, wenn eine Position als low-cost-Hersteller im Vergleich zu den Wettbewerbern auch tatsächlich realisiert werden kann.

Die Kostenvorteile basieren besonders auf Erfahrungskurven- und Scale-(Größen)Effekten. Beide Effekte sind bei den weltweiten Globalisierungsstrategien, Harmonisierungs- und Deregulierungstendenzen abhängig von den Weltmarktanteilen.

Über die gesamte Produktwertschöpfungskette/Funktionsbereiche, angefangen von FuE bis hin zum Service, müssen Kostenvorteile realisiert werden. Daraus folgt, daß eine horizontale und vertikale Durchgängigkeit der Kostensenkungsziele, wie sie in Abschnitt 3.1 beschrieben wurde, unumgänglich ist. Die Gestaltungsfelder, wie sie in Abb. 4.0-2 angegeben wurden, sind so auszulegen, daß primär die minimalen Kosten jedoch bei Realisierung der anderen branchenüblichen Zielgrößen erreicht werden.

Mögliche Gestaltungsmerkmale können dabei sein:

- Spezifisches low-cost-design bei der Produktgestaltung;

- Forcierung kostenreduzierender Produkt-, System-, Material- und Prozeßtechnologien. Bezogen auf die Fertigungstechnologien werden oft durch spezialisierte Fertigungseinrichtungen wesentliche Kosten, aber auch andere Vorteile bezüglich Qualität, Prozeßsicherheit usw. erzielt.

- Stark reduzierte Einkaufspreise durch z.B. globale Beschaffungsstrategien.

Differenzierungsstrategie

Leistungsdifferenzierung bedeutet, daß im Vergleich zu Wettbewerbern verteidigbare Unterschiede in den Leistungen geschaffen werden, die vom Kunden honoriert werden. Solche Differenzierungsmöglichkeiten können beispielsweise in der Funktionalität, den Leistungsmerkmalen des Produktes, beim Design, im Vertriebsweg oder in den Logistikleistungsgrößen bestehen. Differenzierung heißt nicht, daß die Kosten vernachlässigt werden können. Im Wettbewerb geringste Kosten zu erreichen, ist jedoch nicht das entscheidende strategische Ziel der Geschäftseinheit. Bei einer Differenzierungsstrategie werden von der Unternehmung gezielte Branchen- bzw. Geschäftseinzigartigkeiten im Rahmen einer oder mehrerer Zielgrößen aufgebaut, die vom Kunden als wichtig angesehen werden und auch zu einem hohen Kundennutzen führen. Diese Einzigartigkeit wird vom Kunden, falls der Kundennutzen entsprechend hoch ist, mit der Akzeptanz eines höheren Preisniveaus honoriert. Diese Strategie kann dann erfolgreich sein, wenn das erzielte Preisniveau im Durchschnitt über viele Jahre höher ist als die Extrakosten, die notwendig sind, diese Einmaligkeit zu erzielen. Ein erfolgreicher Industriebetrieb darf natürlich nicht die Kosten vernachlässigen. Er wird auf jeden Fall bei all denjenigen Produktfunktionen, Wertschöpfungsstufen, die nicht die Differenzierungsfaktoren betreffen, eine ungefähre Kostenparität zu den Hauptwettbewerbern anstreben. Das impliziert, daß auch bei einer erfolgreichen Differenzierungsstrategie im allgemeinen hohe Weltmarktanteile die Voraussetzung für vergleichbar günstige Kostenpositionen sind, um damit auch langfristig im Geschäft bleiben zu können. Diese Notwendigkeit wird manchmal unterschätzt und führt zu den Auswirkungen, wie sie auch in Abschnitt 1 beschrieben wurden:

Eine sehr spezifische Produktfunktionalität, ein starkes Eingehen auf spezifische Kundenwünsche, die nur einen sehr begrenzten regionalen Markt betreffen, führen oft zu relativ komplexen Produkt- und Fertigungsstrukturen, zu hohen FuE- und Produktionskosten, die durch marginale Weltmarktanteile nicht abgedeckt werden können. Damit wird man oft in Nischen abgedrängt, in denen - besonders in einem Hochlohnland - langfristig keine Überlebenschancen bestehen.

Zwei positive Informations-Feedback-Loops, d.h. Rückkopplungsschleifen, die keine dämpfende sondern aufschaukelnde Wirkung haben (vgl. Forrester, Industrial Dynamics, 1968), begünstigen diese sehr kritische Wirkung einer oftmals nicht richtig definierten Differenzierungs- bzw. Fokussierungsstrategie (vgl. Abb. 4.1-2).

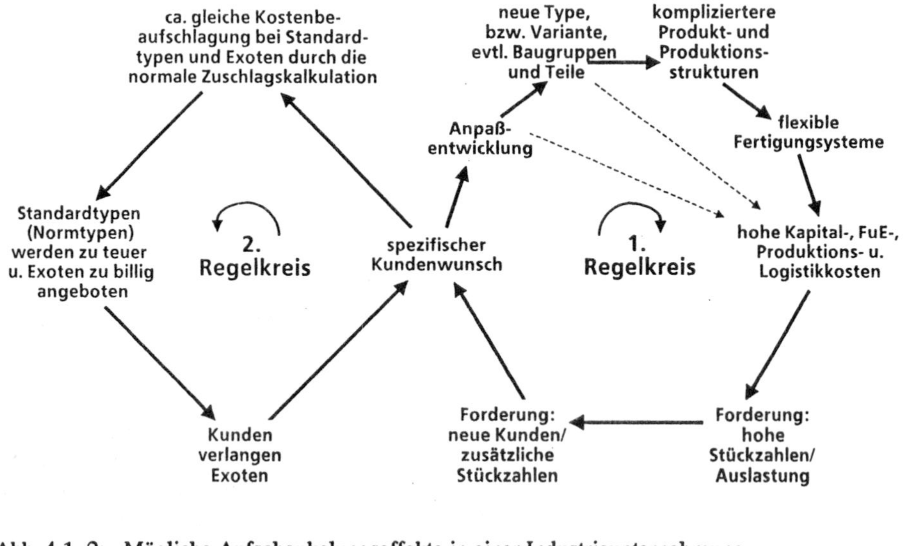

Abb. 4.1-2: Mögliche Aufschaukelungseffekte in einer Industrieunternehmung

Beim ersten Regelkreis führt die Notwendigkeit, eine komplexe Produktstruktur mit vielen Typen und Varianten wirtschaftlich zu fertigen, oft zu den bekannten Automatisierungskonzepten, wie flexible Fertigungszellen, -linien und -systemen. Aufgrund der hohen Investitions-/Kapitalkosten dieser Systeme ist eine hohe Auslastung und damit ein hoher Marktanteil notwendig. Diese Notwendigkeit wird auch durch die oft hohen Anpaßentwicklungskosten aufgrund spezifischer Kundenwünsche verstärkt. Um höhere Marktanteile zu erhalten, wird bei neuen Kunden akquiriert, die wieder neue Produktforderungen placieren. Diese Kunden bringen jedoch oft nicht die notwendige Stückzahlerhöhung, weil sie mit einem relativ hohen Stückzahlbedarf oft bei stärker fokussierten Wettbewebern kaufen, die sich mehr auf Standardtypen konzentrieren und damit diese auch billiger anbieten können.

Dieser Effekt wird meist durch die allgemein verwendete normale Zuschlagskalkulation unterstützt (2. Regelkreis). Die normale Zuschlagskalkulation führt dazu, daß kostenmäßig zu wenig zwischen Standardtypen und Typen mit kleiner Stückzahl, den sogenannten Exoten, unterschieden wird. Dieser Effekt führt in der Folge dazu, daß die produzierende Einheit der Vertriebseinheit für Standardtypen und Exoten nur gering unterschiedliche Kosten bzw. Werksausgangspreise verrechnet. Aufgrund des höheren Deckungsbeitrages, den der Vertrieb erzielt, die Kundenpreise sind für spezifische Typen bzw. Varianten natürlich höher als bei den Standardtypen, wird oft verstärkt das Produktspektrum, d.h. die Typen- bzw. Variantenzahl, ausgeweitet. Da aber Kunden Standardtypen mit hoher Stückzahl oft bei den stärker fokussierten Wettbewerbern kaufen, können diese ihre Marktanteile wesentlich schneller vergrößern und damit auch über Erfahrungs- und Scale-Effekte wesentlich billiger anbieten. Zurück bleibt die Unternehmung, die aus Komplexitätsgründen immer stärker in ein Nischengeschäft gedrängt wird und welches oft zu der Situation führt, daß rund zwei Drittel der Varianten kaum etwas zum Umsatz beitragen, aber sehr hohe Bestände bilden (vgl. Abb. 4.1-3). Es gibt auch öfters Situationen, in denen der Bestandswert ungefähr 50% des Umsatzwertes ausmacht.

Ein sehr gutes Exempel, wie man über Differenzierungsstrategien erfolgreich sein kann, statuiert der deutsche Maschinenbau: Hierbei werden Produkte mit hohem Innovationsniveau angeboten, jedoch mit Kundenspezifikationen, die relativ stark auf dem Weltmarkt verkauft werden können (jede fünfte Maschine, die 1987 auf dem Weltmarkt verkauft wurde, stammt aus bundesdeutscher Fabrikation, Quelle: VDMA, SZ 24.8.1989). Mit den im Durchschnitt relativ hohen Weltmarktanteilen - sie schwanken zwischen 20 % (1987) bei Landmaschinen und 48 % bei den Trocknungsanlagen und Oberflächentechnik - ist es auch möglich, die Kosten und Preise trotz hoher Vorleistungen und Arbeitskosten noch im Rahmen zu halten.

Die grundlegenden Geschäftsstrategien sind die wesentlichen Eingangsgrößen für die CIM/CAI-Strategieplanung. Die Gestaltungsfelder müssen an diese Geschäftsstrategien angepaßt werden. Besonders bei der Differenzierungsstrategie ist es auch notwendig, die echten Kostenauswirkungen für die entsprechenden Differenzierungsfaktoren genau zu kennen und damit sollte in einer CIM/CAI-Konzeption eine sehr differenzierte Kostenrechnung mit hoher Priorität in den CAO-Teil miteingebunden werden. Zusätzlich ist eine produktorientierte Aufbauorganisation empfehlenswert, um eine höhere Kostentransparenz zu schaffen.

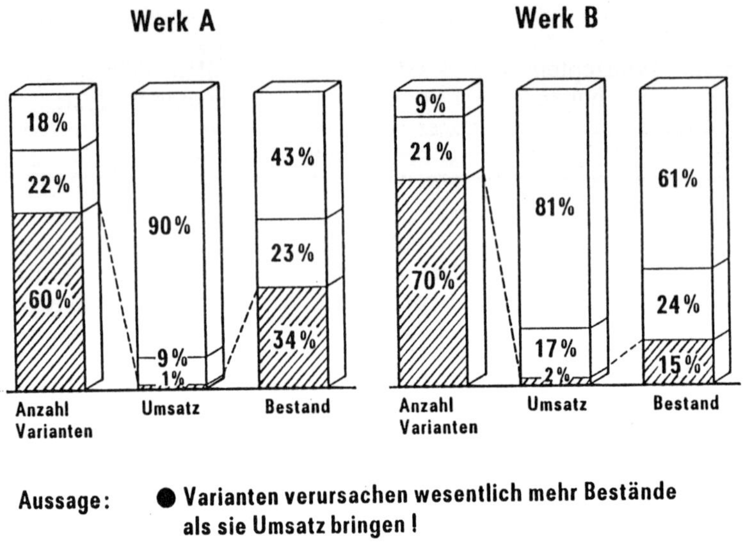

Abb. 4.1–3: Variantenzahl in Relation zur Umsatz– und Bestandsstruktur (ein Beispiel)

Der CIM–relevante Teil muß so gestaltet werden, daß z.B. die spezifischen Differenzierungsfaktoren, wie hoher Lieferservicegrad oder extrem kurze Innovationszeiten, gezielt mit den entsprechenden Verfahrensketten unterstützt werden.

Zu: Kaufentscheidende Faktoren

Um beispielsweise eine Differenzierungsstrategie klarer formulieren zu können, muß auch bekannt sein, welche Faktoren vom Markt honoriert werden und das mit welcher Priorität. Die Priorisierung kaufentscheidender Faktoren, wie sie beispielhaft in Abb. 4.1–4 dargestellt werden, muß das Ergebnis gezielter Kundenbefragungen sein. Diese Faktoren bilden einen weiteren Input für die Definition der CIM/CAI–Ziele.

Zudem sollte aus der Formulierung der Geschäftsstrategie schon vorliegen, bei welchen kaufentscheidenden Faktoren (Kaufkriterien) man sich von Hauptwettbewerbern absetzen will. Falls sehr heterogene Markt–/Produktsegmente bezüglich des Kaufverhaltens vorliegen, sollten sich die Analysen auch auf die einzelnen Produkt–/Kundensegmente und dabei besonders auf die Zielkundengruppen konzentrieren (vgl. Abb. 4.1–5).

Zusätzlich sollten für die einzelnen Kaufkriterien auch schon die entsprechenden Sollerfüllungsgrade quantifiziert sein.

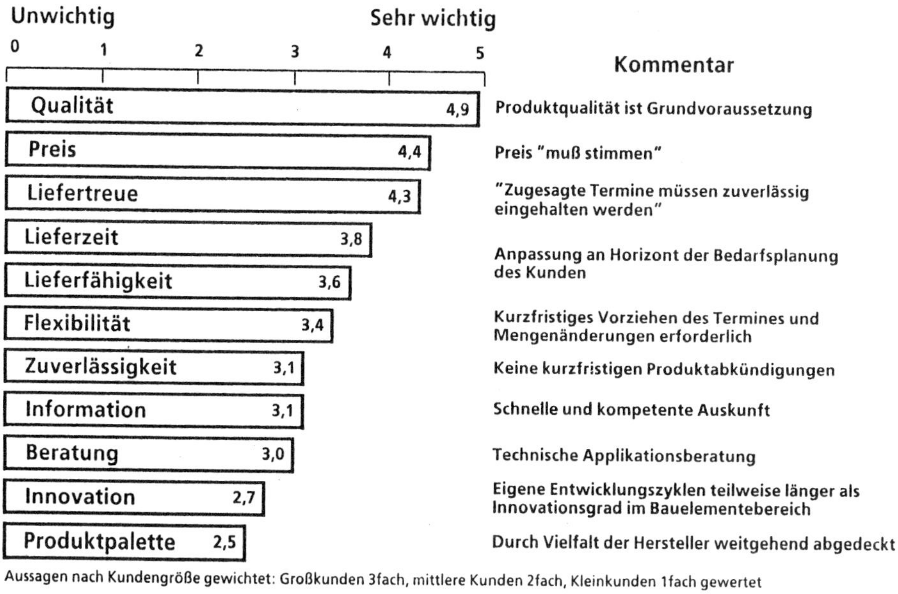

Abb. 4.1–4: Priorität kaufentscheidender Faktoren für eine bestimmte Branche

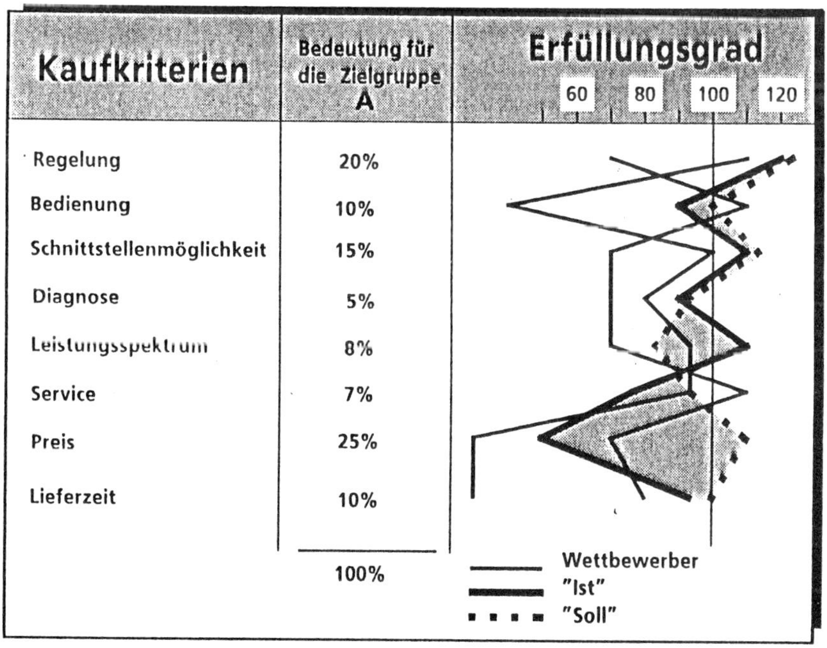

Abb. 4.1–5: Beispiel einer Produktpositionierung

Zu: Den Vertriebszielen

Neben der Definition der Zielmärkte/Zielkundengruppen liegen im Rahmen der Vertriebsziele oft auch die quantifizierten Wettbewerbsvergleiche für die Zielgrößen der Distributionslogistik vor (vgl. Abb. 4.1–6). Wesentlich sind dabei immer die Angaben:

- Quantifizierung der Kundenerwartung;
- eigener Stand im Vergleich zu wesentlichen Wettbewerbern; d.h. die relative Zielbetrachtung ist das Entscheidende.

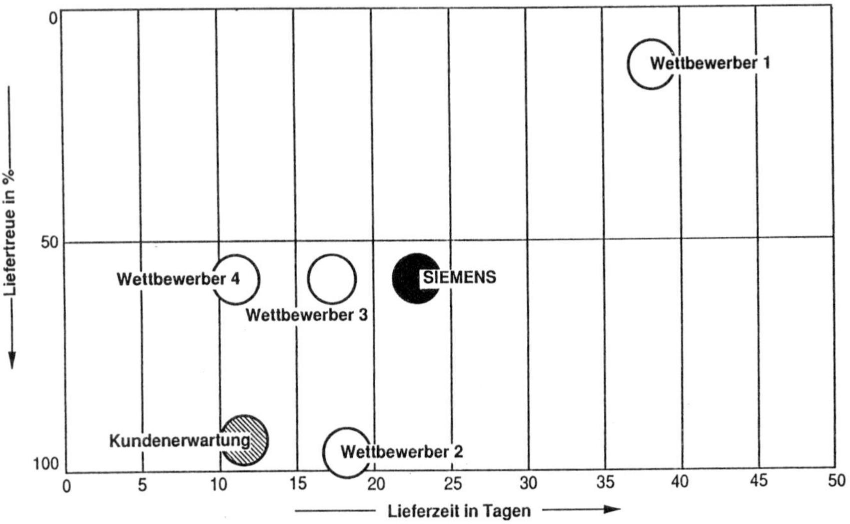

Abb. 4.1–6: Liefertreue und Lieferzeit für ein konkretes Produkt im Wettbewerbsvergleich

Zu: Relevanten Branchenzielen

Für die Definition der CIM/CAI–Ziele ist es auch notwendig zu wissen, welches die Branchenspielregeln und damit, welches die relevanten Branchenziele sind. Das Komponentengeschäft beispielsweise zeichnet sich vielfach durch eine hohe Transparenz bezüglich einzelner Logistikleistungsfaktoren aus. Für die Lieferzeiten von Leiterplatten bestehen entsprechende Branchenstandards, die mit einer Verteilungsfunktion charakterisiert werden (vgl. Abb. 4.1–7).

Zu: Zielwerte für die einzelnen Funktionsbereiche FuE, Fertigung, Logistik usw.

Bei der Aufbereitung dieser Zielwerte empfiehlt es sich, aufzuzeigen, inwieweit diese horizontal und vertikal harmonisiert sind und inwieweit sie sich gegenläufig beeinflussen.

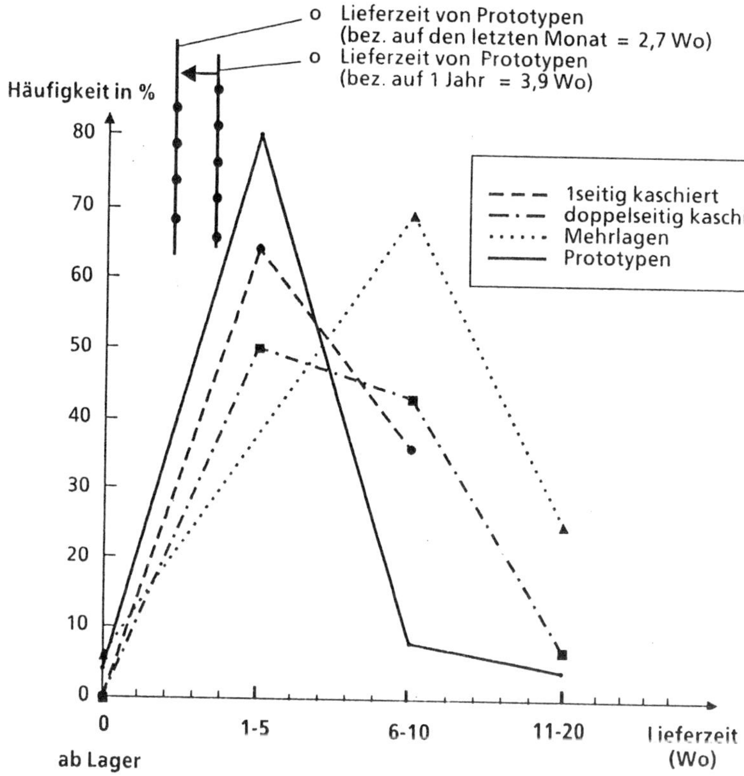

Abb. 4.1–7: Branchenstandards bezüglich Lieferzeiten von Leiterplatten

Zu: Umsatzplan/Produktionsprogramm

Eine der Planungseingangsgrößen ist der mittelfristige (Fünf–Jahres) Umsatzplan in Stück. Dieser Umsatzplan sollte so weit aufgefächert sein, daß die Innovationslinie, d.h. wann laufen neue Produkte, Fabrikategruppen usw. mit welcher Stückzahl an und hoch, klar hervorgeht. Ferner bildet das Produktionsprogramm mit der vorgesehenen Stückzahlverteilung der Produkt–/Fabrikategruppen auf die entsprechenden Fertigungsstandorte eine wesentliche Eingangsgröße.

Zu: Restriktionen

Da die CIM/CAI–Einführung mit einem hohen Investitionsvolumen und mit einem nicht geringen Personalaufwand verbunden ist, muß auch bekannt sein, welche Restriktionen bezüglich der generellen Einsatzfaktoren des Unternehmens vorliegen. Diese sind die wesentlichen Eckwerte der Wirtschaftsplanung.

- **Produkt**
  - Geschäftstyp (Spezialgeschäft, fragmentiertes Geschäft usw.)
  - Geschäftsart (Anlagen–, System–, Produkt–, Komponentengeschäft)
  - Anzahl Typen/Varianten
  - Teileanzahl/Gleichteile
  - Stand des Produktes auf der Lebenskurve
  - Kostenstruktur

- **Kunden**
  - Kundenart (OEM–Kunde, Endkunde,....)
  - Kundenstruktur (Größe, Region, ...)

- **Fertigung**
  - Größe/Kannkapazität der(des) Standorte(s)
  - Verflechtung zwischen den Standorten
  - Fertigungsprinzip (Werkstatt–, Reihen–, Fließfertigung)
  - Fertigungsart (Einzel–, Kleinserien–, Serien– und Massenfertigung)
  - Zahl der Arbeitsgänge/Arbeitsplätze je Fertigungsstufe
  - Auslastungssituation

- **Produktentwicklung**
  - Entwicklungstiefe (eigen/fremd)
  - Entwicklungsdurchlaufzeitverteilung usw.

- **Logistik**

  Distributionslogistik:
  - Kundenauftrags–Stückzahlverteilung
  - Auftragsbestandsentwicklung nach Wunsch– und Kanntermin
  - Abweichungen des AB nach Kann–Termin zur Ist–Auslieferung
  - Auftragsdurchlaufzeitverteilung
  - Auftragswiederholgrad
  - Primärbedarfsstruktur (zyklisch, saisonal, kontinuierlich, sporadisch)
  - Warenflußstrukturen (Fertigerzeugnis–Lagerstufen)

  Produktionslogistik:
  - Materialflußstruktur
  - Fertigungsdurchlaufzeitverteilung/–Anteile
  - Rüstzeiten/Losgrößen
  - Fertigungsprogrammeinhaltung

  Beschaffungslogistik:
  - Anteile an Käufe und Bezüge
  - Zahl der Einkaufsteile/Lieferanten usw.

Abb. 4.1–8: Beispiele von Strukturgrößen bezogen auf den Ist–Stand

Zu: Ist-Zustand

CIM/CAI-Systeme müssen an die jeweiligen Zielwerte aber auch an die vorhandenen Strukturgrößen angepaßt werden. Mittel- und langfristig sind die meisten Strukturgrößen beeinflußbar, d.h. Strukturgrößen können in diesem Zusammenhang zu Zielgrößen werden.

Strukturgrößen bezogen auf den Ist-Zustand werden in Abb. 4.1-8 angegeben.

Ein weiterer Einflußfaktor wird von der vorliegenden Systemlandschaft und damit von den entsprechenden Hard- und Software-Komponenten gebildet. Wichtig ist dabei das Darstellen der z.Z. verwendeten Verfahrensketten, Verfahrensinseln und Schnittstellen.

Zu: Wettbewerberinformationen

Für die CIM/CAI-Konzeption bilden wesentliche Informationen über Wettbewerber, welche die Spielregeln und den Innovationsfortschritt in einer Branche definieren, eine bedeutende Basis.

Beispiele dafür sind:

- Ist-Zustand bezüglich der kaufentscheidenden Faktoren und Strukturgrößen

- Abschätzung wichtiger Produktkostenschnitte, Standort-, JIT-, CIM- und Automatisierungskonzepte.

4.2 Ermitteln der Ziele und Ziellücken

Aus den aufbereiteten Planungseingangsgrößen werden im nächsten Schritt die konkreten CIM/CAI-Ziele für den kurz-, mittel- und langfristigen Planungshorizont abgeleitet. Die jeweiligen Jahreszuordnungen sind beispielsweise: 1-2 Jahre, 3-5 Jahre und 5-10 Jahre. Der Planungshorizont korreliert mit dem vorgesehenen Innovationszyklus. Generell sollten sich die kurzfristigen Ziele auf die laufende Produktgeneration, der mittelfristige Planungshorizont auf die nächste Generation beziehen und der langfristige Horizont sollte Projektionen mit entsprechenden Unsicherheitsbandbreiten der übernächsten Produktgeneration beinhalten.

Bei den Zielgrößen wird zwischen externen und internen, relativen und absoluten unterschieden.

Externe Ziele

Die externen Zielgrößen beziehen sich auf den Absatzmarkt, d.h. es sind Größen, die vom Markt honoriert werden und über die im Rahmen einer klaren Geschäftsstrategie entscheidende Wettbewerbsvorteile realisiert werden sollen (vgl. Abb. 4.2-1).

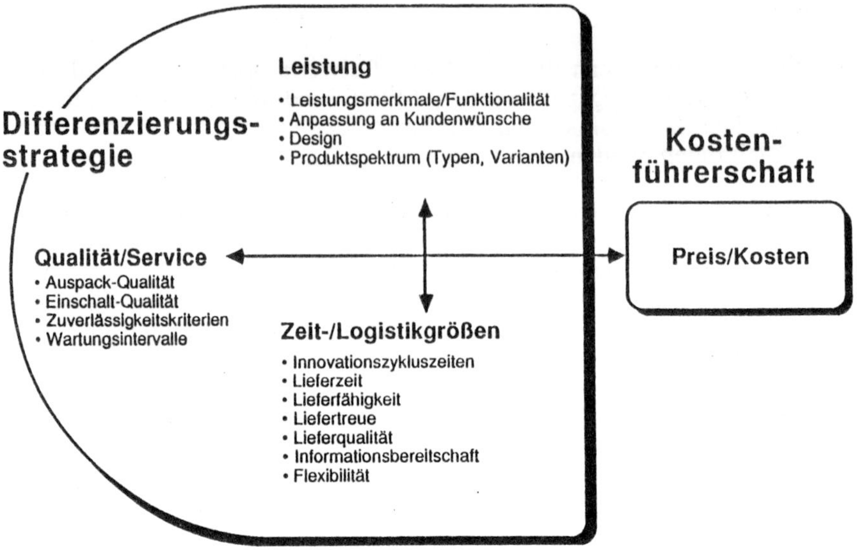

Abb. 4.2–1: Externe Zielgrößen (Beispiele)

Während die externen Zielgrößen, wie Preis, Kosten, Produktqualität oder entsprechende Produkt–Leistungsmerkmale, "etablierte" Ziele darstellen, so haben in den letzten Jahren die Erfolgsfaktoren Zeit und Logistikgrößen, wie Lieferfähigkeit und Liefertreue sehr an Bedeutung gewonnen. Speziell in relativ reifen Geschäftsfeldern, die sich schon weit am Ende der Produktlebenskurve befinden, werden oft Produkte und Produktleistungsmerkmale verschiedener Unternehmungen immer ähnlicher und lassen sich mit Hilfe von Extras oder Preisunterschieden immer schwieriger differenzieren. Führende Unternehmen haben erkannt, daß sich heute auf den hart umkämpften Märkten Wettbewerbsvorteile aufbauen lassen, wenn die logistische Leistung des eigenen Unternehmens – und zwar handelt es sich dabei um die vom Kunden empfundene Logistikleistung – besser ist als die der Konkurrenz (vgl. Baumgarten, Zibell 1989, S.38). Wesentliche externe Logistikgrößen und damit Logistikleistungen werden in Abb. 4.2–2 beschrieben.

Auch die Zielgröße Zeit, wie Innovationszykluszeit, ist – wie anschließend kurz begründet wird – strategisch sehr relevant geworden.

Aufgrund immer kürzer werdender Produktlebenszyklen und des typischen rapiden Preisverfalls, besonders bei Hochtechnologieprodukten, – ein gutes Beispiel bilden die Halbleiterspeicher (DRAM`s, vgl. Abb. 4.2–3) – ist die Notwendigkeit rechtzeitig auf dem Markt zu sein, man spricht daher auch von einer Just–in–Time–Entwicklung, ein sehr bedeutsamer Faktor geworden.

Eine verzögerte Markteinführung bei Produkten mit einer – im Vergleich zu früher – stark verkürzten Lebensdauer kann zu erheblichen Umsatzverlusten führen. Modellhaft wird dies mit der schraffierten Fläche in Abb. 4.2–4 dargestellt.

Logistikleistung

Begriff	Definition
Liefertreue	Übereinstimmung zwischen zugesagtem und tatsächlichem Liefertermin *) (in % v. Umsatz / Lieferpositionen)
Lieferzeit	Zeit vom Bestelleingang bis zum tatsächlichen Liefertermin *)
Lieferfähigkeit	Übereinstimmung zwischen gewünschtem und bestätigtem Liefertermin (in % v. Umsatz / Lieferpositionen)
Lieferqualität	Anteil der ohne Beanstandungen abgewickelten Lieferungen (in % v. Umsatz / Lieferpositionen)
Flexibilität	Ausmaß, auf Kundenwunschänderungen reagieren zu können
Informationsbereitschaft	Fähigkeit, Kundenanfragen vor und nach der Abwicklung schnell beantworten zu können

Abb. 4.2-2: Externe Logistikgrößen/-leistungen

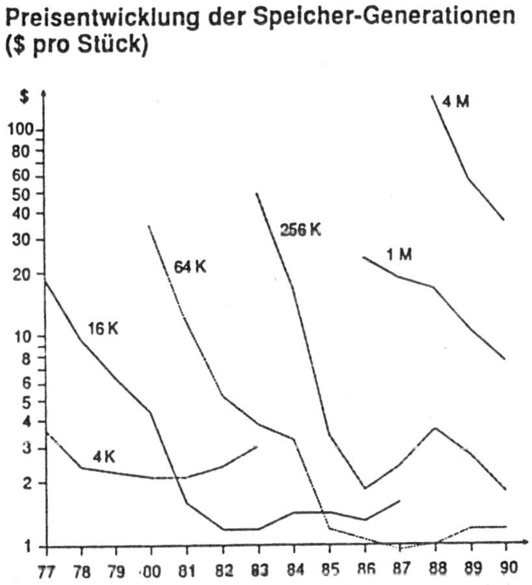

Abb. 4.2-3: Markt- und Preisentwicklung für dynamische Halbleiterspeicher (DRAM's)

Die Folge einer verkürzten Produktlebensdauer ist auch, daß die erforderlichen Innovationszeiten (Zeit von der Idee bis zur Markteinführung) wesentlich kürzer werden müssen.

Die "Zeit" kann, falls über alle Funktionsbereiche diese als der wesentliche Differenzierungsfaktor gesehen wird, und die Zeitkomponenten, wie Durchlaufzeit von Forschungsprojekten, Produkt- und Prozeßentwicklungszeit, Beschaffungs-, Fertigungs- und Kundenauftragsabwicklungszeit, Liefer- und Markteinführungszeit usw., gezielt minimiert werden, ein entscheidender Erfolgsfaktor sein. In diesem Fall spricht man auch von einer time-based strategy bzw. allgemein von einer time-based competition (vgl. Stalk, Time - The Next Source of Competitive Advantage, 1988, S. 41). CIM/CAI-Systeme müssen in einem solchen Fall wieder spezifisch auf diese Strategie ausgerichtet werden.

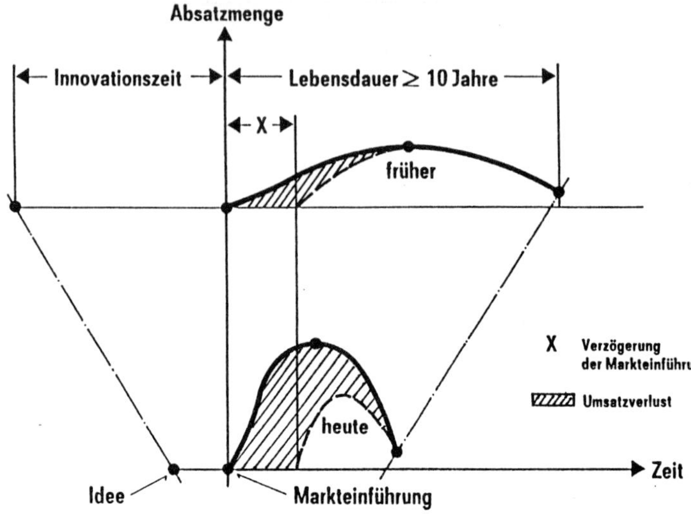

Abb. 4.2-4: Verzögerte Markteinführung vs. Umsatzverlust

Ein mit der Zeit und mit den Logistikgrößen sehr eng in Beziehung stehender Differenzierungsfaktor ist die Flexibilität, welche in eine quantitative und qualitative Flexibilität eingeteilt werden kann: Die Anpassungsfähigkeit an in Summe veränderte Umsatzstückzahlen oder an veränderte Mengenstrukturen ist Ausdruck einer quantitativen Flexibilität (vgl. Wildemann 1988, S.112 f.).

Beispiele dazu:

- Die Erweiterungsfähigkeit. Sie ist die Eigenschaft eines Produktionssystems, sich Mengensteigerungen anzupassen.

- Die Kompensationsfähigkeit. Sie ist die Eigenschaft eines Produktionssystems, sich Verschiebungen in den Mengenstrukturen anzupassen.

Die qualitative Flexibilität ist die Eigenschaft des Produktionssystems, sich an Innovationen, wie neue Produkte, Technologien, anzupassen. Beispiel: Die Umbaufähigkeit. Sie ist eine Dimension der langfristigen Flexibilität und beinhaltet die Möglichkeit, ein Produktionssystem an stark veränderte Marktsituationen zu adaptieren. Ein Umbau im Produktionssystem setzt dessen modularen Aufbau voraus.

Speziell der Erfolgsfaktor Flexibilität muß für die Gestaltung des CIM/CAI-Systems sehr präzise definiert werden.

Interne Ziele

Diese sind unternehmensinterne, d.h. werks– oder fabrikinterne Größen, mit denen die externen Zielgrößen realisiert werden müssen. Die externen Zielgrößen, wie Lieferzeit, –fähigkeit und –treue, die im Rahmen einer Differenzierungsstrategie maßgeblich forciert werden sollen, können intern durch unterschiedliche Zielvorgaben betreffend einer verkürzten Fertigungsdurchlaufzeit und/oder höherer Umrüstflexibilität und/oder kürzerer Lieferzeit für Kauf– und Bezugsteile, und/oder über höhere Bestände usw. – vgl. Abb. 4.2–5 – beeinflußt und realisiert werden.

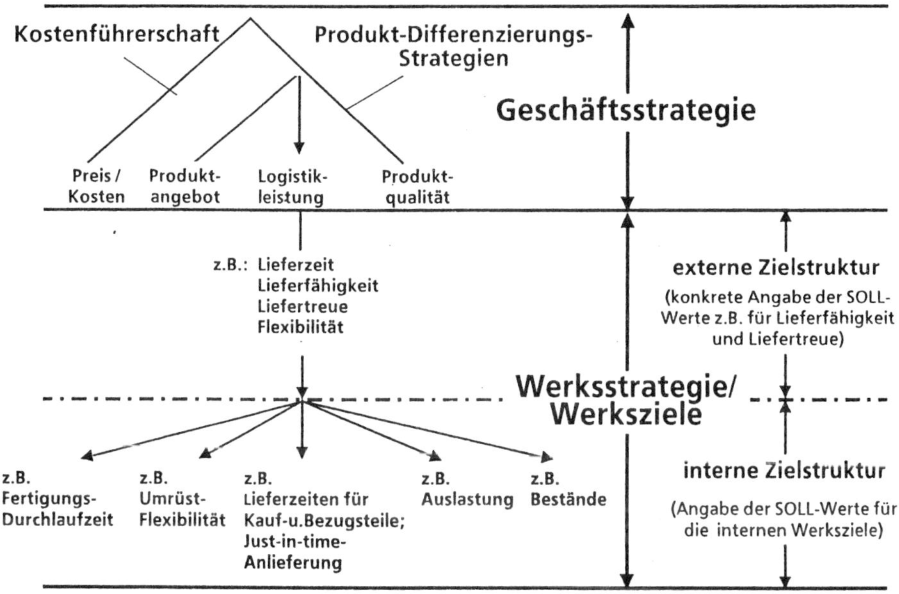

Abb. 4.2–5: Zielhierarchien: Geschäftsziele, externe und interne Ziele

Durch Konzentration auf bestimmte interne Zielgrößen, wie hohe Umrüstflexibilität, kurze Fertigungsdurchlaufzeiten können bevorzugte Strategieäste definiert werden, die im Rahmen der entsprechenden Gestaltungsfelder weiter präzisiert werden müssen.

Die relevanten externen und internen Zielgrößen bilden bei der Strategie– und Maßnahmendefinition auch die bestimmenden Bewertungskriterien, wobei die Ziel– und Bewertungsgröße **Kosten** natürlich immer eine wesentliche Rolle spielt. Alle alternativen Maßnahmen, die zur Zielerreichung führen sollen, müssen jeweils auf die kostenmäßige Auswirkung untersucht werden, wobei man sich in der Strategieplanung mit groben Abschätzungen begnügen muß. Unabhängig von der grundlegenden Geschäftsstrategie: Kostenführerschaft oder Differenzierung muß bei der Alternativen–Konzeption klar herauskommen, welches die besonders kostentreibenden Gestaltungselemente/–maßnahmen sind. Dabei sollte – neben dem Aufriß der Einzelkosten – der Gemeinkostenblock möglichst nach den Funktionsbereichen Produktion, Logistik usw. unterteilt werden (vgl. Abb. 4.2–6).

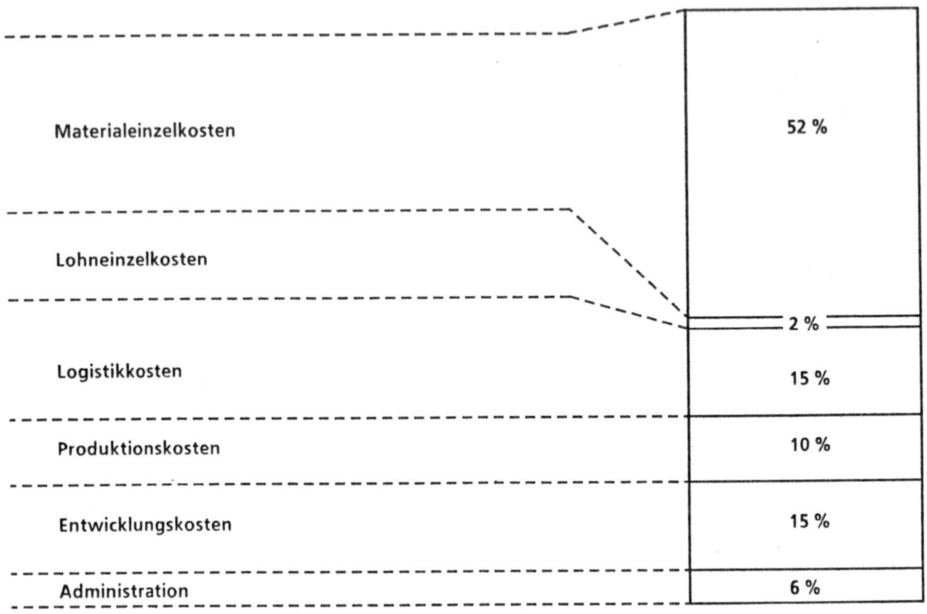

Abb. 4.2–6: Kostenstruktur für ein elektronisches Produkt

Die in Abb. 4.2–6 dargestellte und für einen Elektronikfertiger typische Kostenstruktur zeigt auch, daß die großen Rationalisierungspotentiale nicht mehr in den Lohneinzelkosten liegen, sondern in den Materialeinzelkosten und in den Gemeinkosten. Daraus folgt, die früher gezielte Reduzierung der Hauptzeit und damit der direkten Lohnkosten hat bei einem Lohnanteil von weniger als 10 % sehr an Wirksamkeit verloren.

Die Gemeinkostenblöcke der Funktionsbereiche sollten wiederum möglichst transparent aufgefächert werden; so setzen sich beispielsweise die Logistikkosten zusammen aus den

- Lenkungskosten (Kosten für Planung, Disposition und Steuerung des Materialflusses),
- Handlings–, Lager– und Transportkosten,
- Bestandskosten (Kapitalkosten, Steuern, Versicherungen, Wagnisse usw.).

Absolute und relative Zielgrößen

Zielgrößen müssen immer in bezug zu wesentlichen Mitbewerbern gesehen werden, d.h. die eigenen absoluten Zielwerte sollten relativ zu denen der Wettbewerber gesetzt werden. Nur dann ist gewährleistet, daß ein CIM/CAI-Konzept auch tatsächlich marktorientiert ausgelegt wird. Für die Festlegung der Zielprofile empfiehlt sich folgende Vorgehensweise:

1. Festlegung der relevanten externen und internen Zielgrößen für die wesentlichen Produkte, Produktgruppen, Geschäftsfeldsegmente oder Geschäftsfelder, die im Planungsfeld enthalten sind.

2. Herausarbeiten der externen und internen Zielgrößen im Rahmen einer Differenzierungsstrategie, über die man sich klar vom Wettbewerb abheben will. Für die anderen relevanten Zielgrößen müssen Werte erzielt oder beibehalten werden, die branchenüblich sind bzw. voraussichtlich branchenüblich sein werden; diese können als eine Art von Mindestzielen bezeichnet werden.

3. Quantifizierung des eigenen Ist-Standes bezüglich der externen und internen Zielgrößen. Besser ist es, Innovationsfortschrittskurven über die letzten Jahre für wesentliche Zielgrößen zu definieren.

4. Gezieltes Aufbereiten des Ist-Zustandes bzw. der Innovationsfortschrittskurven von Zielgrößen führender Wettbewerber. Externe Zielgrößen lassen sich relativ genau ermitteln, während interne Größen wie Kostenpositionen natürlich nur näherungsweise ermittelt werden können.

5. Vergleich des eigenen Ist-Zustandes bzw. der Innovationsfortschrittskurven mit den entsprechenden Werten, Kurven der führenden Wettbewerber.

6. Definieren kurz- und mittelfristiger Sollwerte für die eigenen externen und internen Zielgrößen (Schema vgl. Abb. 4.2-7).

   Das Festlegen der kurz- und mittelfristigen Werte des externen, d.h. des marktorientierten Profils, sollte mit Hilfe einer Sensitivitätsanalyse erfolgen: Anhand eines gemeinsamen Bewertungskriteriums, wie z. B. Mehrumsatz, sollte abgeschätzt werden, wie hoch der voraussichtliche Mehrumsatz in Prozent ist, bei Verbesserung der kurz- bzw. mittelfristigen Zielwerte um beispielsweise 10%, 20%, 50%, 100% usw. Diese Abschätzung muß - obwohl es meistens sehr schwierig ist, durch unterschiedliche Vertriebsstellen, wie Stammhausvertrieb oder Regionalvertrieb vorgenommen werden. Das wesentliche bei diesem Bewertungsschritt ist das Aufzeigen, welche Zielgrößen und -werte im Vergleich zu den anderen zu den signifikanten Verbesserungen in der Wettbewerbsposition führen.

7. Ermitteln der Ziellücken
   Aus der Differenz zwischen den Ist- und den Soll-Werten der kurz- und mittelfristigen Zielprofile, ergeben sich die Ziellücken und damit wird ein Handlungsbedarf aufgezeigt, der durch entsprechende Maßnahmen in den Gestaltungsfeldern abgedeckt werden muß (vgl. Abb. 4.2-8).

8. Zielwerte-Projektion für den langfristigen Planungshorizont.

9. Bündelung der Produkte, Produktgruppen oder Geschäftsfeldsegmente, die ähnliche Zielprofile aufweisen (vgl. Abb. 4.2-9).

   Dieser Schritt ist die wesentliche Basis für eine gezielte Segmentierung der Fertigung. Diese Clusteranalyse soll auch dazu führen, daß je nach dem ob ähnliche oder unterschiedliche Zielprofile vorliegen, differenzierte Gestaltungskonzepte entwickelt werden.

10. Bevor nun die notwendigen Gestaltungsfelder, -elemente und Maßnahmenalternativen definiert werden - Inhalt des Abschnittes 4.3 - sollten die externen und internen Zielprofile mit der Unternehmungsleitung abgestimmt werden. Für eine CIM/CAI-Konzeption ist es sehr entscheidend, auf klaren, priorisierten und quantifizierten Zielwerten aufzusetzen, die auch eine breite Konsensfindung zur Basis haben (oft werden die Ziele im Rahmen einer CIM/CAI-Konzeption geändert und dadurch werden zu viele CIM/CAI-Konzeptions-Iterationen angestoßen).

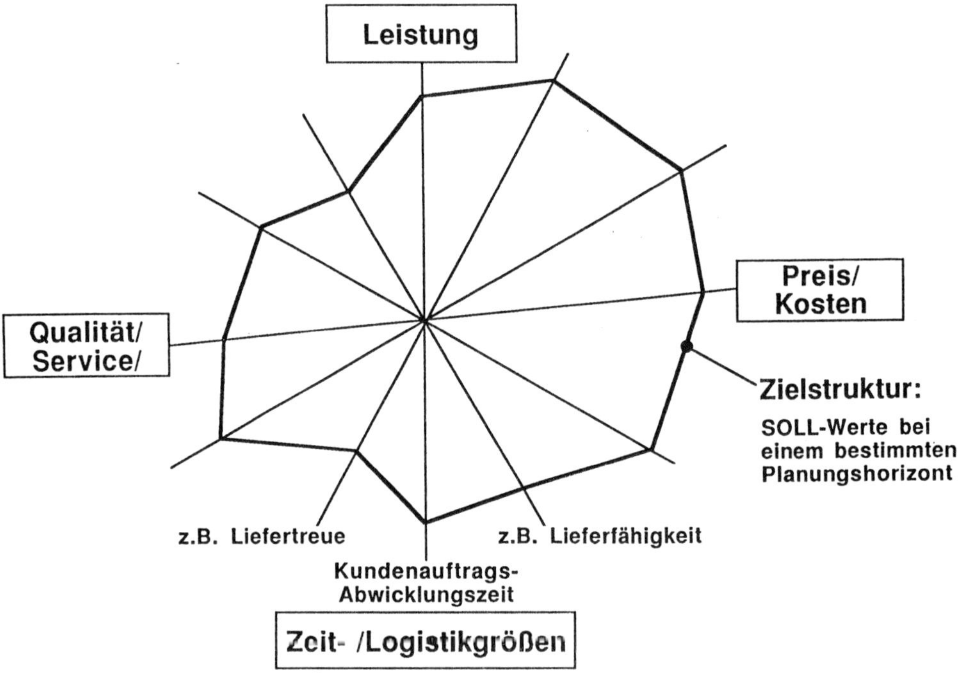

Abb. 4.2-7: Zielprofil für externe Zielgrößen bezogen auf einen bestimmten Planungshorizont

Generell ist festzustellen, daß führende Industrieunternehmungen alle wesentlichen externen und internen Zielgrößen bis zu einer bestimmten Grenze simultan verbessern. Besonders japanische Wettbewerber verbessern stetig und maßgeblich ihre Zielgrößen und das jeweils in sehr kurzen Zeitabschnitten. Sie streben eine

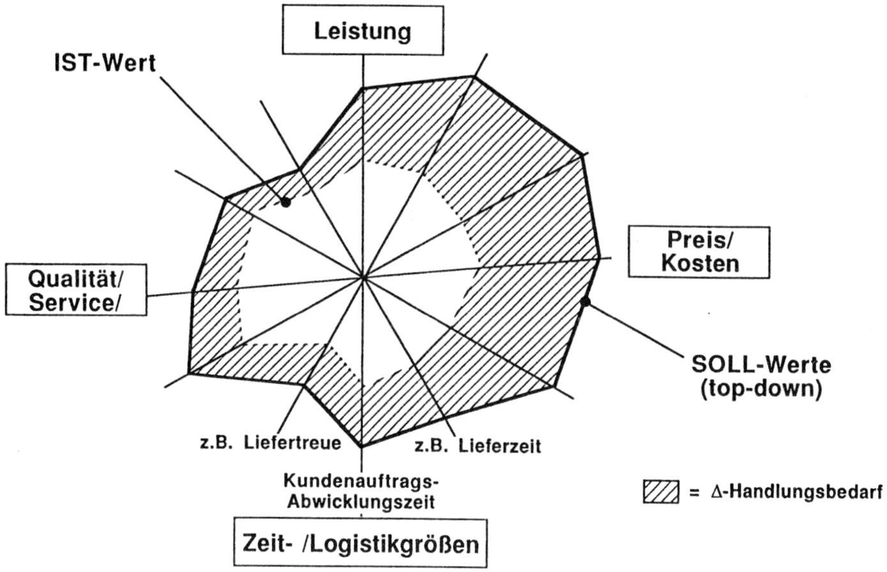

Abb. 4.2–8: Ziellücken

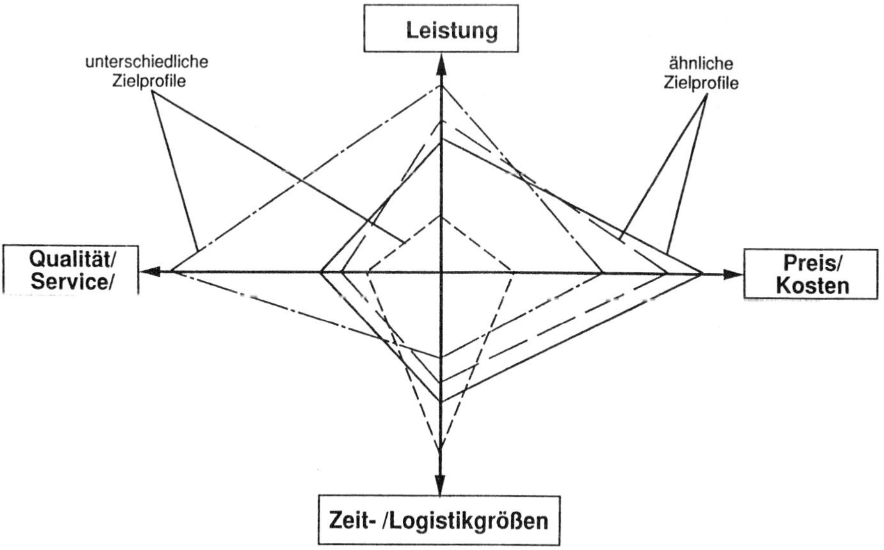

Abb. 4.2–9: Produktsegmentierung nach ähnlichen bzw. unterschiedlichen Zielprofilen

hohe Qualität und einen hohen Lieferservicegrad an mit neuerdings relativ starken Kundenanpassungen und kurzen Innovationszeiten, die sie meistens mit sehr günstigen Preis– und Kostenpositionen verbinden. Diese starken simultanen Verbesserungen müssen daher durch den simultanen Einsatz der JIT–, CIM/CAI–, neuer Org–Konzepte sowie durch den Einsatz neuer Produkt– und Prozeßtechnologien realisiert werden. Es muß daher ein gesamtes Strategie–Konzept entwickelt werden, wie es unter anderem in den Abschnitten 4.3.1 bis 4.3.8 behandelt wird.

4.3 Gestaltungsfelder

Im Abschnitt 4.3 werden acht Gestaltungsfelder beschrieben, die simultan eingesetzt, die kurz–, mittel– und langfristigen Zielprofile und Ziellücken realisieren bzw. schließen sollen.

4.3.1 Gestaltungsfeld: Produkt

Folgende wesentliche Gestaltungselemente liegen vor (vgl. Abb. 4.3.1–1).

- Produkttechnologien
  - Kern- bzw. Schlüsseltechnologien

- Produktgenerationen-Konzept
  - Innovationsschub
  - Markteintrittszeitpunkte

- Produktspektrums-Breite
  - Varianten/Typen

- Produktkonzept
  - Produktfamilien-/Modularkonzept
  - Teilestruktur
  - Varianten-/Typen-Spreizungskonzept
  - prozeßgerechtes Produktdesign

Abb. 4.3.1–1: **Gestaltungsfeld: Produkt**

Produkttechnologien

CIM/CAI–Konzepte werden maßgeblich durch neue Produkttechnologien, die auch als Kern– bzw. Schlüsseltechnologien bezeichnet werden können, geprägt. Die Material– und Informationsflußgestaltung verändert sich drastisch, wenn eine Unternehmung, die beispielsweise Telefonendgeräte entwickelt und fertigt, beabsichtigt, die heutige Technologiegeneration – Lösung mit diskreten Bauelementen und Standard–IC`s – durch eine hochintegrierte 1–Chip–Lösung abzulösen. Für diese neue Technologie gelten andere Erfolgs- und Gestaltungselemente und da ein CIM/CAI-System nicht nur den heutigen Zustand/Technologiestand berücksichtigen darf, müssen die zukünftigen produkttechnologisch relevanten Auswirkungen auf die CIM/CAI-Konzeption mitberücksichtigt werden. Je nach den Planungsgrenzen müssen natürlich pragmatische Übergangsstrategien vom heutigen auf den zukünftigen Technologiestand gefunden werden. Es ist entscheidend, daß das CIM/CAI-Konzept die notwendige Flexibilität zu den voraussichtlich wahrscheinlichen Technologieänderungen aufweist.

Generell beziehen sich Kern- bzw. Schlüsseltechnologien sowohl auf die "physikorientierten", die also durch Nutzung physikalischer Effekte gekennzeichnet sind, aber auch auf "logikorientierte" Technologien. Diese nutzen die Gesetzmäßigkeiten der Logik, wie z.B. Netzwerkarchitekturen, Parallelarchitekturen usw. aus.

In der strategischen Technologieplanung müssen folgenende Fragen beurteilt und beantwortet werden:

- Wie bedeutend sind generell Technologien für den Erfolg eines Produktes, einer Produktgruppe bzw. eines Geschäftsfeldes?

- Wie bedeutend sind bestimmte Technologien für den Geschäftserfolg?

- Zeichnen sich Chancen durch neue Technologien ab?

- Welche Technologien werden bald veraltet sein?

- Wann ist der Übergang zu einer neuen Technologie vorzunehmen?

- Wie ist die technologische Position gegenüber Wettbewerbern?

- Lassen sich in der Unternehmung technologische Synergieeffekte und damit Kosten- und Zeitersparnisse erzielen?

- Soll das Unternehmen "Technologieleader" oder "-follower" sein?

Die wesentlichen Schritte, die zur Beantwortung dieser Fragen durchlaufen werden müssen, sind (vgl. Siemens AG, Strategische Technologieplanung, 1988)(vgl. Abb. 4.3.1-2):

1. Umfeldanalyse

Die Umfeldanalyse zu Beginn einer Untersuchung soll zeigen, welche Rahmenbedingungen externer und interner Art auf die Geschäfte, Märkte bzw. Technologien einwirken, die Gegenstand der Untersuchung sein sollen. Sie liefert damit Hintergrundinformationen, insbesondere auch Rahmenbedingungen, wie sie in Abschnitt 4.1 angeschnitten wurden, sowohl für die Technologiebewertung, als auch für die spätere Strategieformulierung. Eine Priorisierung der Erfolgsfaktoren des betreffenden Geschäftes dient zur Beantwortung der Frage, inwieweit Technologie überhaupt eine entscheidende Wirkung zur Erzeugung von Wettbewerbsvorteilen besitzt. Die Ermittlung der Wichtigkeit technologisch beeinflußbarer Faktoren und Produktfunktionen für den Geschäftserfolg stellt dabei einen wesentlichen Input für die nachfolgende wirtschaftliche Bewertung einzelner Technologien dar.

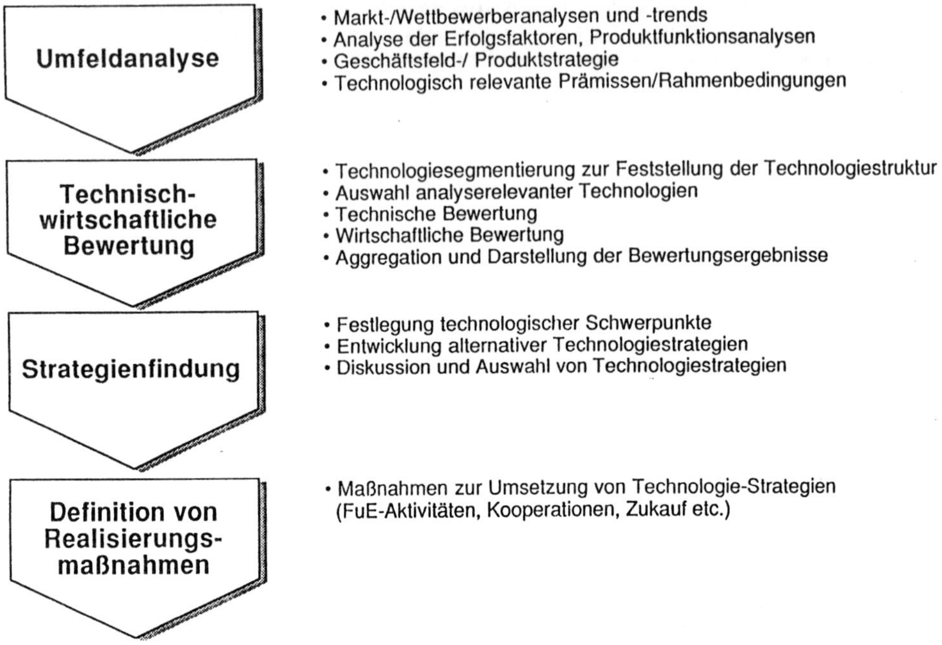

Abb. 4.3.1–2: Schritte der strategischen Technologieplanung

2. Technisch–wirtschaftliche Bewertung und Auswahl analyserelevanter Technologien

Die Technologiebewertung muß sich auf die wahrscheinlich strategisch relevanten Technologien konzentrieren. Solche Technologien sind typischerweise dadurch gekennzeichnet, daß mindestens eines der folgenden Kriterien zutrifft:

Die Technologie

– besitzt ein hohes Differenzierungs- und Kostensenkungspotential,

– kann z.Z. durch keine andere Technologie ersetzt werden,

– wird durch führende Wettbewerber forciert,

– besitzt breite Einsatzmöglichkeiten,

– steht am Anfang des Lebenszyklus,

– ist eine potentielle Ablösetechnologie für alte Technologien.

Technische Bewertung:

Das S-Kurven-Modell

Zur Beurteilung des technischen Potentials einer Technologie und damit ihrer Bedeutung aus technischer Sicht bietet sich das S-Kurven-Modell an. Es erlaubt Aussagen über:

- Die aus heutiger Sicht absehbare Leistungsgrenze einer Technologie,

- ihr Weiterentwicklungspotential;

- die eigene relative Technologieposition im Verhältnis zum technisch stärksten Wettbewerber.

Das S-Kurven-Modell basiert auf der Beobachtung, daß Technologien - ähnlich Produkten - bestimmte Lebenszyklusphasen durchlaufen (S-förmig). Eine S-Kurve gibt grafisch den Leistungsverlauf einer Technologie, aufgetragen über dem bereits in diese Technologie investierten kumulierten FuE-Aufwand, wieder. Gemessen wird die Leistung einer Technologie anhand einer sie charakterisierenden Leistungsgröße(n). Der Lebenszyklus einer Technologie gliedert sich in die Phasen Entstehung, Wachstum, Reife und Alter.

Die Aufstellung einer Technologie-S-Kurve erfolgt üblicherweise in folgenden Schritten:

- Wahl des Maßes für die Leistungsfähigkeit einer Technologie (Ordinate);

- Ermittlung der bisherigen Entwicklung der Leistungsfähigkeit einer Technologie im eigenen Unternehmen und beim technisch stärksten Wettbewerber;

- Abschätzung des künftigen Verlaufs der S-Kurve, der Leistungsgrenze und der Steigung;

- Identifikation der derzeitigen Phase einer Technologie;

- Ermittlung des Weiterentwicklungspotentials und der relativen Technologieposition (vgl. Abb. 4.3.1-3).

Der Abstand zwischen dem Stand des Technologieführers und der voraussichtlichen Leistungsgrenze der Technologie kennzeichnet das Weiterentwicklungspotential. Bei reifen Geschäftsfeldern kommt es oft vor, daß überproportional viel in Technologien investiert wird, die eigentlich in dieser Sicht schon ziemlich ausgereizt sind. Dazu auch eine Aussage von Krubasik (vgl. Krubasik 1989):

> "Zu viele Unternehmen vergeuden 80% ihres FuE-Aufwandes dort, wo Fortschritt nicht mehr erzielbar ist."

Bei der Abschätzung des Technologie–Weiterentwicklungspotentials muß auch die Frage gestellt werden, ob sich schon eine neue Technologiegeneration und damit eine eventuelle Ablösetechnologie abzeichnet (vgl. Abb. 4.3.1–4).

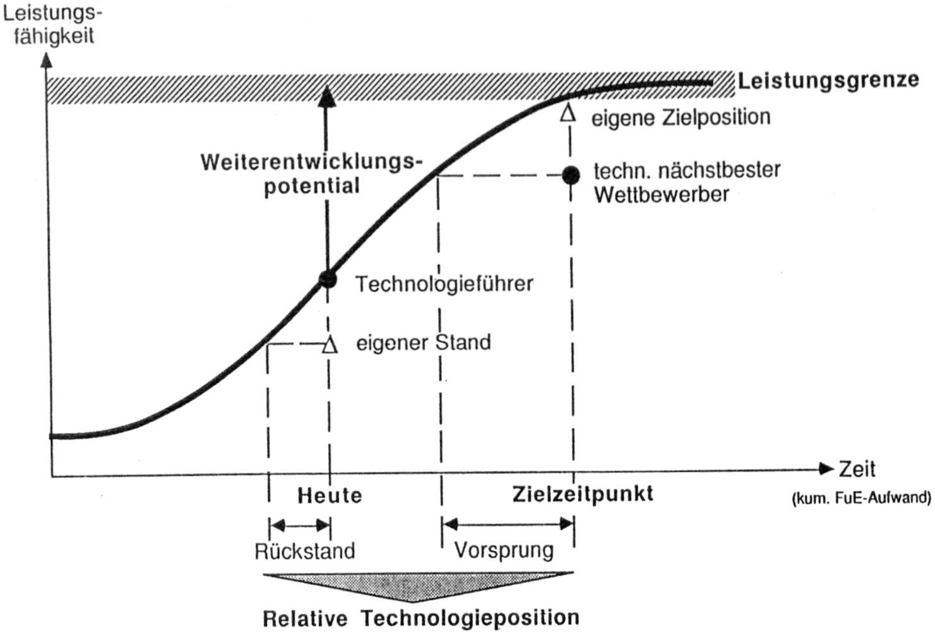

Abb. 4.3.1–3: Weiterentwicklungspotential und relative Technologieposition dargestellt am S–Kurvenmodell

Wirtschaftliche Bewertung:

Wesentliche Einflußgößen der wirtschaftlichen Bedeutung neuer Technologie sind:

- Der Technologie–Einflußfaktor berücksichtigt, wie stark sich die Technologie auf die entsprechenden Kundennutzen–Faktoren, wie Performance, Funktionsumfang usw. und auf die Kostenpositionen auswirkt (vgl. Abb. 4.3.1–5).

- Die zukünftige Umsatzgröße und Positionierung des Produktes oder des Geschäftsfeldes in der Geschäftsmatrix.

Aggregation und Darstellung der Bewertungsergebnisse:

Bei diesem Schritt werden die analyserelevanten Technologien herausgefiltert, welche ein hohes Weiterentwicklungspotential und eine erhebliche wirtschaftliche Bedeutung und damit eine signifikante Bedeutung in Summe aufweisen.

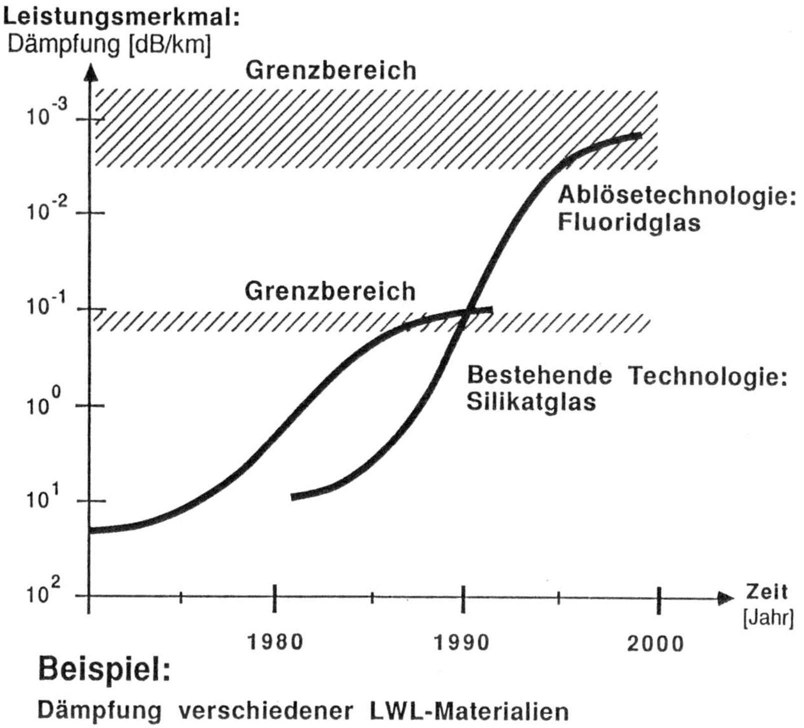

Abb. 4.3.1–4: Technologie–S–Kurven zweier Lichtwellenleitermaterialien

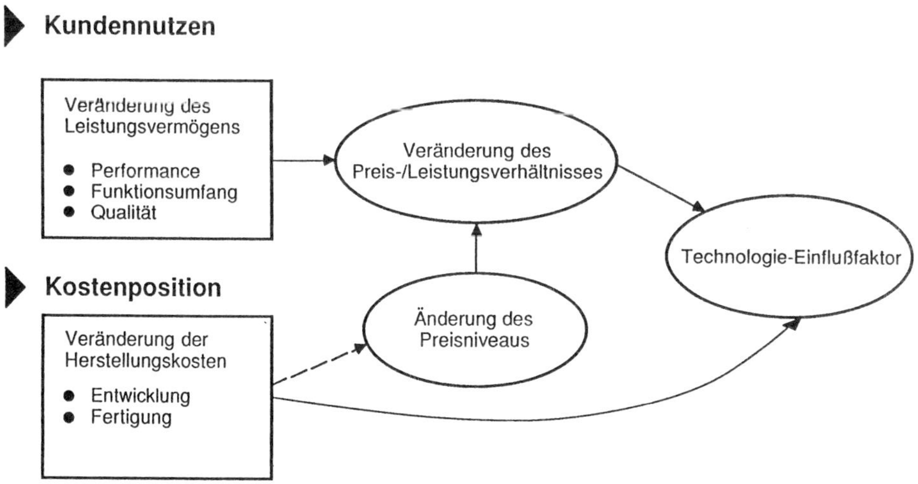

Abb. 4.3.1–5: Technologie–Einflußfaktor

Für die Darstellung des Aggregierungsschrittes hat sich in der Praxis das Technologieportfolio bewährt (vgl. Abb. 4.3.1–6).

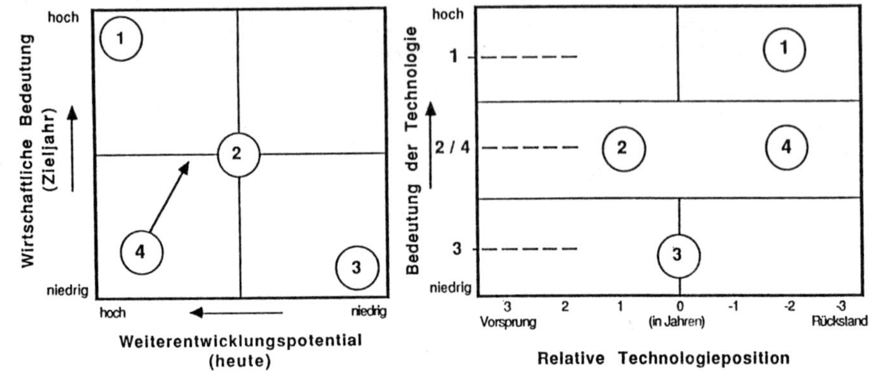

1: Technologie 1
2: Technologie 2
3: Technologie 3
4: Technologie 4

Abb. 4.3.1–6: Technologieportfolio

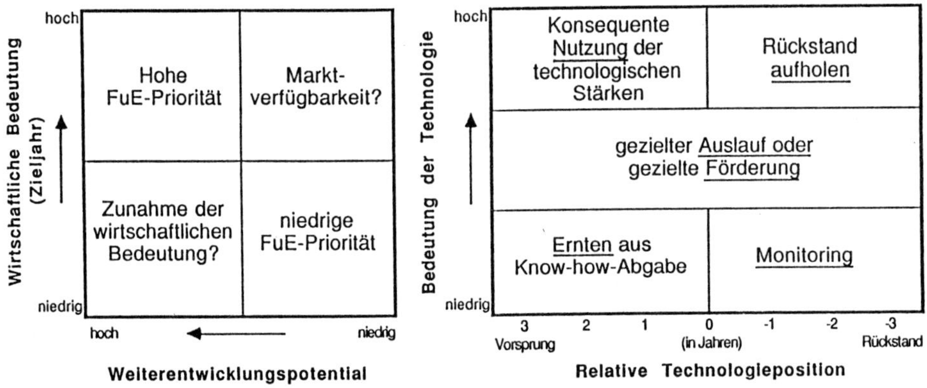

Abb. 4.3.1–7: Technologieportfolio: Strategiealternativen

3. Strategiefindung und Definition von Realisierungsmaßnahmen

Bei Verwendung des Technologieportfolios zur Darstellung der Bewertungsergebnisse können jedem Feld der Matrix bestimmte Strategieempfehlungen zugeordnet werden (vgl. Abb. 4.3.1–7). Dabei ist es wichtig zu beachten, daß das Portfolio kein Instrument zum automatischen Ableiten von Standard– oder Normstrategien ist, sondern vielmehr ein Hilfsmittel darstellt, um strategisch relevante Fragen aufzuwerfen und durch Diskussion zu beantworten. Basierend auf der Strategiefindung werden dann im letzten Schritt konkrete FuE-Realisierungsmaßnahmen definiert.

Das Ergebnis der Technologiebewertung sollte in die Entscheidung der Unternehmensleitung einmünden: Wann müssen welche Technologien mit welchem voraussichtlichen FuE-Aufwand eingeführt werden?

Dies ist somit die wesentliche Basis für die eigene Innovationsstoßrichtung und stellt den Erkenntnisstand bezüglich der Frage dar: Mit welcher Flexibilität müssen CIM/CAE-Systeme ausgestattet werden, um die technologische Zukunft adaptieren zu können?

Basierend auf der Frage und des entsprechenden Ergebnisses: Welche strategisch relevanten Produkttechnologien werden zukünftig in welchen Produkten, Baugruppen, Komponenten usw. eingesetzt, sollte auch eine technologiebedingte Produkt-Cluster-Bildung durchgeführt werden, d.h. es sollten Produkte, Produktgruppen oder Geschäftsfeldsegmente definiert werden, die eine gleiche oder ähnliche Produkttechnologie-Basis haben, um damit mögliche Synergieeffekte im Rahmen der Gestaltungsfelder entsprechend berücksichtigen zu können.

Die meist sinnvolle Strategie: Eine eigene Kompetenz für die strategisch relevanten Technologien zu haben bzw. aufzubauen führt auch zu klareren make-or-buy-Entscheidungen und damit zu den Entscheidungen, welche Fertigungstiefe angestrebt werden soll.

- *Produktgenerationen-Konzept*

Das Produktgenerationen-Konzept beinhaltet die Innovationsvorstellungen, die auch mit der folgenden Frage beschrieben werden können: Wann werden in welchen Produktgenerationen welche Innovationschübe, d.h. eine Art "face-lifting" ist natürlich miteingeschlossen, zu welchen Markteintrittszeitpunkten, mit welchen neuen Technologien realisiert und mit welchen Stückzahlprognosen werden die einzelnen Produktgenerationen hochlaufen?

- *Produktspektrum*

Für die laufende Produktgeneration muß festgelegt werden, ob sich die Breite des Produktspektrums verändern soll und welche Breite für die folgende Generation angestrebt wird, d.h. will man sich stärker auf einzelne Produkttypen konzentrieren, oder sucht man ein sehr breites Typen- und Variantenspektrum. Diese Fragen und Antworten sind notwendig, um die entsprechenden Automatisierungsstrategien, die im Gestaltungsfeld: Fertigung behandelt werden, - vgl. Abschnitt 4.3.3 - konkreter festlegen zu können.

- *Produktkonzept*

Prozeßgerechte Produktkonzepte bilden einen wichtigen Rationalisierungsschwerpunkt der Zukunft. Im Rahmen der Just-in-Time-Philosophie - vgl. Abschnitt 4.3.4 - gilt: Möglichst nur das zu fertigen, was tatsächlich gebraucht wird. Das schließt ein, daß zumindest die Fertigungsstufen mit hoher Produktwertschöpfung, wie Montage und Prüffeld, möglichst kundenauftragsgebunden gesteuert werden müssen. Bei den kürzer werdenden Lieferzeiten, dem im allgemeinen stärker kundenorientierten und damit breiter werdenden Produktspektrum, den wachsenden Qualitätsanforderungen bedeutet dies, daß eine flexible Montage- und Prüffeldautomatisierung immer notwendiger wird. Eine wesentliche Voraussetzung dafür ist jedoch die automatisierungsgerechte Produktgestaltung. Diese Aussage wird beispielsweise durch eine Studie der TH Darmstadt am Institut für Elektromechanische Konstruktion unterstützt. Gegenstand der Studie waren 10 elektromechanische Produkte mit 355 Montagevorgängen: 60 % aller Montagevorgänge lassen sich nur durch Veränderung der vorliegenden Konstruktion automatisieren. Neben der automatisierungsgerechten Produktgestaltung gibt es natürlich noch andere Anforderungen, die sich mit funktions-, umwelt-, gebrauchsgerecht usw. umschreiben lassen (vgl. Siemens, Automatisierungsgerechte und Robotergerechte Produktgestaltung, 1986, S.3-1). Wesentlich ist jedoch auch, daß das Produktkonzept voll mit der Geschäftsstrategie einer Kostenführerschafts- oder Differenzierungsstrategie und den daraus sich ergebenden Zielen konform geht. Z.B. eine sehr kurze Reaktionszeit/Lieferzeit in Verbindung mit dem JIT-Ansatz lassen sich nur durch eine auftragsgebundene Montage- und Prüffeldsteuerung verwirklichen, und dies erfordert eine flache Produktstruktur (vgl. Abb. 4.3.1-8). In diesem Zusammenhang muß auch von einer logistikgerechten Produktgestaltung gesprochen werden.

Ein weitgehend logistik-/automatisierungsgerechtes Produktkonzept wurde beispielsweise beim Fernsprecher m 200 der Siemens AG verwirklicht. Die einzelnen Baugruppen werden unabhängig voneinander vormontiert und anschließend erfolgt die Endmontage, die dadurch vereinfacht wurde, daß es nur eine von oben nach unten führende Fügebewegung gibt (vgl. Abb. 4.3.1-9).

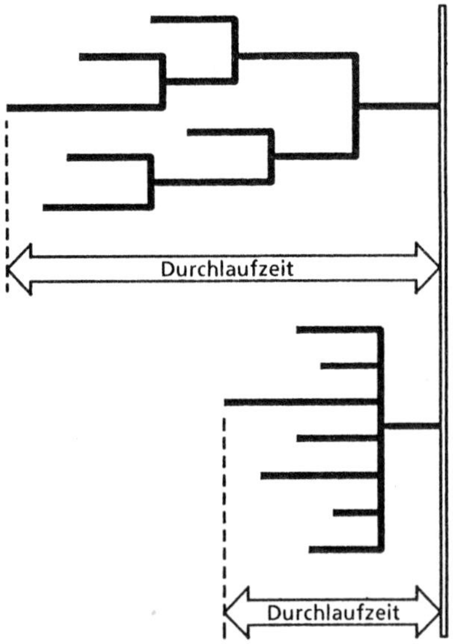

Abb. 4.3.1-8: Logistikgerechte Produktgestaltung

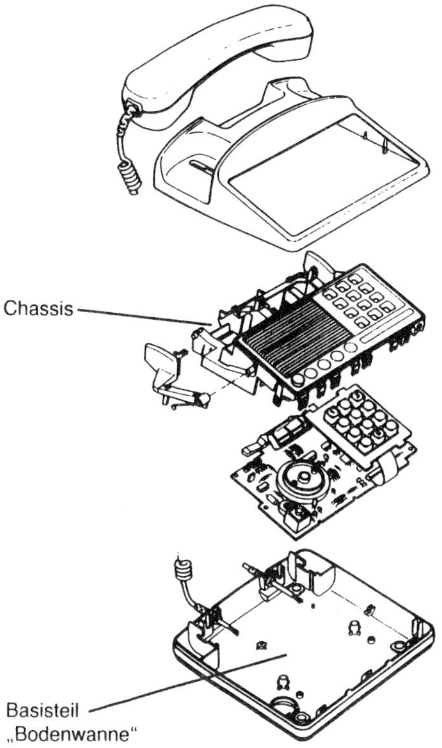

Abb. 4.3.1-9: Aufbau des Fernsprechers m 200

Bei diesem Produkt wurden auch noch andere, als beispielhaft geltende, automatisierungsgerechte Produktgestaltungselemente angewandt:

- Lediglich die Flachbaugruppe, auf der die Funktionstasten in einer Baugruppenmontage gefügt sind, stellt eine variantenabhängige Baugruppe dar.

- Erst in der Endmontage wird die Variante des Chassis erzeugt.

Im allgemeinen werden folgende Gestaltungsmaßnahmen bezüglich des Produktkonzeptes empfohlen (vgl. Siemens AG 1986):

- Die Varianten-/Typenspreizung sollte erst bei einer hohen Fertigungsstufe, d.h. spät auf der Produktwertzuwachskurve erfolgen.

- Starkes Familien- und Modularkonzept mit vielen Gleichteilen, d.h. variantenunabhängige Teile und Mehrfachverwendung von Teilen vorsehen.

- Prozeßgerechte Produktgestaltung, welche unter anderem folgende Unterpunkte aufweist:

- Fügevorgänge möglichst in einer Richtung,
- geringe Bauteilezahl,
- möglichst einheitliche Verbindungselemente,
- einheitliche Montagereihenfolge innerhalb einer Produktfamilie,
- gleiche Montageeinrichtungen für alle Varianten,
- Baugruppen möglichst variantenneutral gestalten und unabhängige Funktionsprüfungen ermöglichen,
- Anzahl der Einzelteile innerhalb einer Baugruppe begrenzen, damit die Montageeinrichtungen nicht zu komplex werden,
- montagegerechtes Basisteil vorsehen, daß dadurch die Werkstückträgerfunktion erfüllt wird und daß einfache Fügerichtungen, -bewegungen und eine Aufbaumontage ermöglichtwerden können,
- Kleinteile so gestalten, daß sie schüttfähig sind,
- automatisierte Prüfung durch automatische Adaptierung ermöglichen, usw.

4.3.2 Gestaltungsfeld: Produktentwicklung (FuE)

Trends/Fakten, die maßgeblich das Gestaltungsfeld - Produktentwicklung oder breiter definiert Forschung und Entwicklung - beeinflussen und die auch zu einer steigenden strategischen Bedeutung von FuE führen, sind:

- Kürzer werdende Produktzyklen verlangen reduzierte Innovationszeiten (vgl. Abb. 4.2–3) und damit deutlich verkürzte Entwicklungszeiten für Produkte und Prozesse.

- Anbieten von mehr Funktionalität, höherer Performance bei, um ein Beispiel zu nennen, gleichem oder reduziertem Preisniveau, um sich produkt- bzw. systemmäßig besser differenzieren zu können. Dieser Trend, der besonders für die Digitalelektronik gilt, führt auch dazu, daß sich das Produktgeschäft immer stärker zu einem Systemgeschäft entwickelt. Beispielsweise erhöht sich bei der Kommunikationstechnologie der Weltmarktanteil von Systemen zu Lasten der Stand–alone–Produkte (vgl. Abb. 4.3.2–1).

Die Folge des Zusammenwachsens von Funktionen und Diensten ist eine laufend steigende Systemkomplexität, die wiederum nurmehr durch rechnerunterstützte Analyse–, Simulations– und Konstruktionswerkzeuge beherrscht werden kann. In diesem Zusammenhang spricht Professor Schwärtzel davon, daß

> "Komplexität eine immanente Systemeigenschaft geworden ist, unabhängig von der speziellen Anwendung und unabhängig von Herstellern" (vgl. Schwärtzel 1986, S.66).

- Die beiden bisher genannten Trends führen auch dazu, daß in der Elektrotechnik der Wertschöpfungsanteil für FuE laufend zunimmt (vgl. Abb. 4.3.2–2).

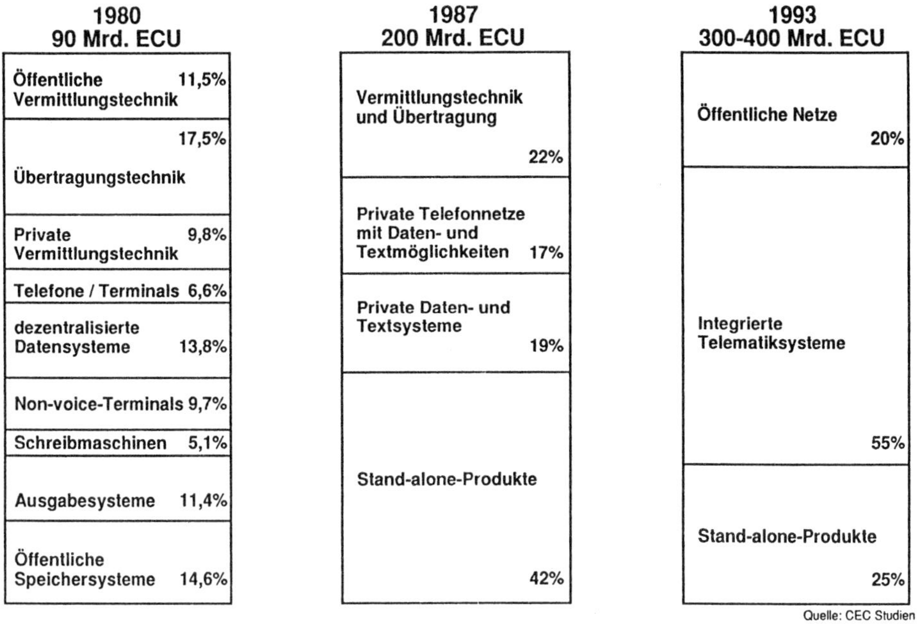

Abb. 4.3.2–1: Weltmarktanteile von Kommunikationssystemen

- Im Durchschnitt wachsen die FuE–Aufwendungen bundesdeutscher Unternehmen schneller als die Umsätze. Die FuE–Umsatz–Intensität als Quotient der FuE–Aufwendungen und der Umsätze steigt daher. In der Elektrotechnik sind die FuE–Aufwendungen in der Zeitspanne von 1981 bis 1985 um 47% gestiegen und die FuE–Umsatz–Intensität erhöhte sich von 5,6% auf 6,5% (vgl. Möhrle 1989, S.47). Die starke Technologieorientierung und damit die steigende FuE–Umsatzintensität ist nicht nur bei der Elektrotechnik feststellbar, sondern bezieht sich auch auf andere industrielle Branchen der BRD, wie Kraftfahrzeugindustrie und ganz besonders auf die Luft– und Raumfahrttechnik.

Gerade für Unternehmen, die im Rahmen einer technologieorientierten Ausrichtung, eine "First to Market"–Strategie verfolgen, wird die zukünftige FuE–Umsatzintensität mit hoher Wahrscheinlichkeit noch stärker zunehmen. Entsprechend abgestuft werden die Zunahmen der FuE–Aufwendungen für die anderen Wettbewerbsstrategien sein (vgl. Ansoff, Stewart 1967):

- Follow–the–Leader–Strategie

- Application–Engineering–Strategie und der

- Me–too–Strategie

- In dem Funktionsbereich Entwicklung und Konstruktion werden ca. 70% der Selbstkosten eines Produktes festgelegt, wobei die eigentliche Kostenverursachung nur mit ca. 10% zu Buche steht (vgl. Abb. 4.3.2–3).

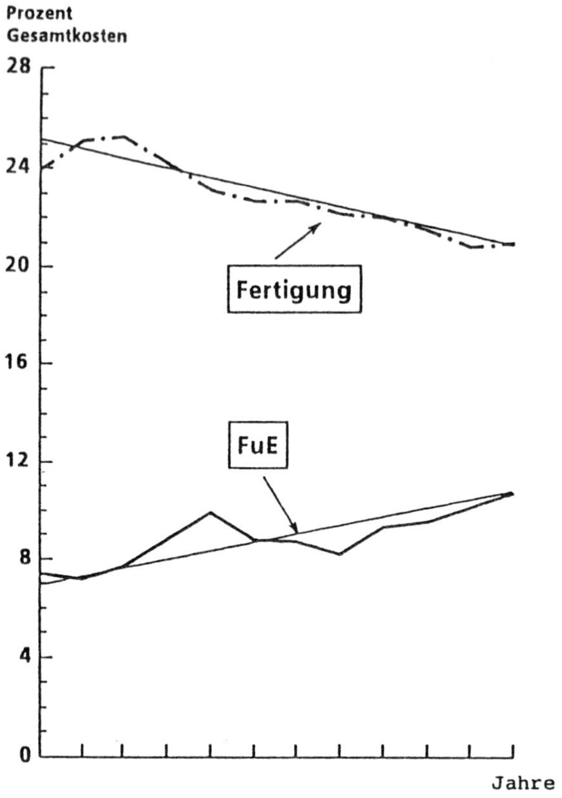

Abb. 4.3.2–2: Wertschöpfungsentwicklung für die Funktionsbereiche FuE und Fertigung in einem Unternehmen der Elektrotechnik

Das Resumee der zunehmenden FuE–Bedeutung ist, daß noch stärker als bisher alle Ratiopotentiale ausgeschöpft werden müssen, die durch Entwicklungsautomation erzielbar sind. Ferner ist es notwendig, daß der Durchdringungsgrad DV–unterstützter FuE–Controllings und Management–Werkzeuge zunimmt.

Für die Konzeption von CIM/CAI–Systemen bedeutet dies auch, daß die Forschung im Rahmen durchgängiger FuE–Produktphasenpläne verstärkt eingebunden werden muß, falls maßgebliche Innovationen durch neue Technologien initiiert werden sollen, deren Beherrschung im eigenen Unternehmen als unabdingbar angesehen wird. Dadurch werden organisatorische Voraussetzungen geschaffen, um entsprechende Forschungsergebnisse schnell in die Produktentwicklung einfließen lassen zu können.

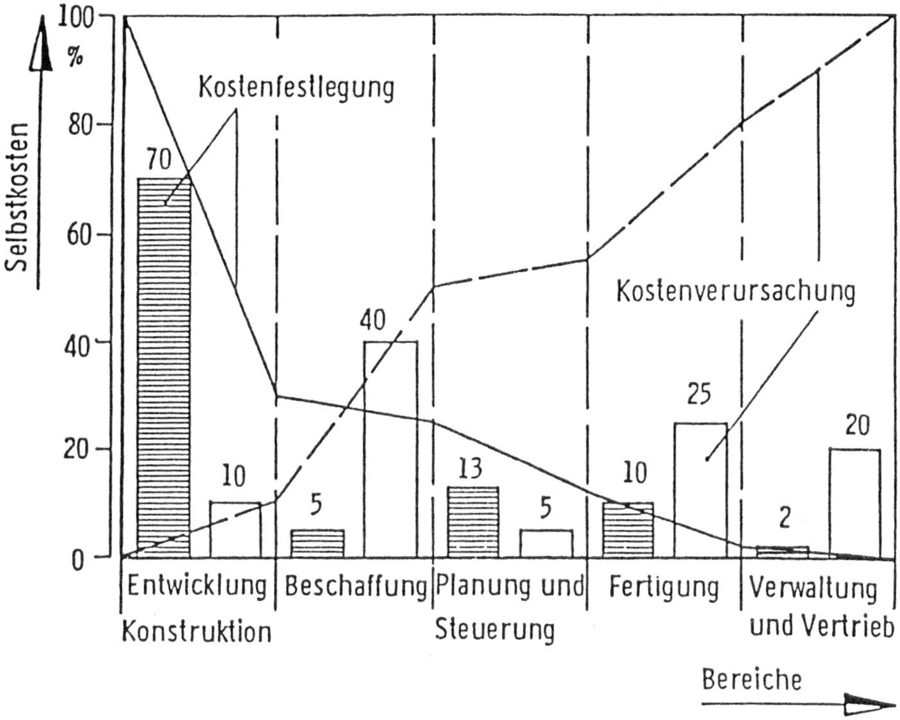

Abb. 4.3.2–3: Kostenfestlegung und Verursachung über die Funktionsbereiche (Quelle: Prof. Ehrlenspiel)

Im Rahmen des CIM–Systems von Firma Toshiba für das Ome–Werk wurde auch ein eigenes R&D–Control–System innerhalb der Engineering–Automation–Verfahrenskette vorgesehen (vgl. Abb. 4.3.2–4).

- CAD system for LSI design
- CAD system for mechanical design
- CAD system for PC board design
- Software development system for micro computer
- Integrated support system for software development
- Inside-used software control system
- Quality control system
- Technical information reference system
- Research & Development control system
- Documentation support system

Abb. 4.3.2–4: R&D–Control–System als Bestandteil der Engineering–Automation–Komponente im CIM–System von Toshiba

Ein wesentlicher Grund für das verstärkte Einbinden der Forschung in die Produktentwicklungsphasen sind auch die folgenden neuen Konzepte japanischer Firmen bezüglich FuE:

- *Starkes Parallelisieren der Funktionen*

- Forschung

- Produktplanung und

- Produktentwicklung

Dazu auch folgende Zitate (vgl. U.S. Congress, OTA, 1988, S.34):

> "Given the uncertainties that accompany the search for new knowledge, and the high costs of downstream development, many U.S. executives have come to view research, development, and product planning as sequential processes.
>
> Technology-based Japanes companies, in contrast, have developed simultaneous or parallel processes to a high level. Many are now busy integrating backward into research – a task they see as necessary for commercializing high technologies."

- Schnelles Überführen von Forschungsergebnissen in Produktinnovationen, obwohl sich zu Beginn der FuE-Arbeit nur kleine Marktnischen gezeigt haben:

> "Where American firms look for home-run opportunities, their Japanese counterparts have been more willing to start and grow new businesses gradually."
> "...the Japanese have often carved out substantial markets by starting from small niches."

Basierend auf der strategischen Bedeutung von FuE und den entsprechend neuen Ansätzen und Erkenntnissen dazu, werden im Gestaltungsfeld: Produktentwicklung (FuE) folgende CIM/CAI-relevante Elemente vorgeschlagen (vgl. Abb. 4.3.2-5).

- *Strategisch relevante Entwicklungsprozesse*

Nachdem, wie in Abschnitt 4.3.1 beschrieben wurde, das Produktgenerationenkonzept und die Produktspektrumsbreite vorliegen, kann nun daraus die Intensität zukünftiger Entwicklungsarten, wie

- Neuentwicklung

- Weiterentwicklung

- Anpass- und

- Variantenentwicklung

besser abgeschätzt werden. Für diese Entwicklungsarten in Verbindung mit den relevanten externen und internen Zielgrößen, z.B. bezüglich Entwicklungsdurchlaufzeitverkürzung, Fehlerfreiheit im Designprozeß usw., gibt es unterschiedliche Entwicklungsprozesse, die maßgeblich zur Zielerfüllung beitragen.

- Strategisch relevante Entwicklungsprozesse
  Beispiele:
  - Strukturierter Top-down Entwurfsprozeß
  - Simulation
  - Industrielle Softwareproduktion (CASE)

- Neue FuE-Management Methoden
  - Just-in-Time-Entwicklung
  - Simultaneous Engineering

Abb. 4.3.2-5: Gestaltungsfeld: Produktentwicklung (FuE)

Besonders bei der Komplexität moderner elektronischer Systeme/ Geräte ist es notwendig, einen Top-down-Entwicklungsprozeß zu definieren, um die Komplexität entwurfstechnisch in den Griff zu bekommen. Ein strukturierter Top-down-Entwurfsprozeß hat im wesentlichen drei Phasen (vgl. Abb. 4.3.2-6):

Der System-Entwurf umfaßt die Definition der Aufgabenstellung und der Systemstruktur, d.h. die Beschreibung der Benutzeranforderungen, sein Einsatzgebiet und seine Systemeinbettung. Dies führt zur Definition seiner funktionalen Architektur auf Blockebene. Die Ergebnisse des Systementwurfs sind die Basis für den Logikentwurf. In diesem Entwurfsabschnitt wird, ausgehend von der Register-Transfer-(RT)-Darstellung, jedes Modul auf der logischen Ebene durch Gatter realisiert. Beim sogenannten physikalischen Entwurf wird der Logikplan elektrisch realisiert, d.h. die Logikelemente werden in einer Form dargestellt, die für die physikalische Realisierung benötigt wird.

Durch den Einsatz von Simulatoren auf immer höheren Entwurfsebenen, z.B. Registertransferebene, ist das Potential gegeben, Entwurfsfehler früh zu erkennen, oder beim Abwägen verschiedener Lösungsalternativen zu einer besseren Entscheidungsbasis zu kommen. Damit wird die Entwicklung sicherer, kürzer und wirtschaftlicher: Abb. 4.3.2-7 zeigt den typischen Verlauf der Änderungsrate eines Entwurfs als Funktion der Produktlebenszeit sowie die Wirkung von Simulation und strukturiertem Systementwurf. Ihr wesentlicher Effekt besteht in der weitgehenden Vorverlagerung der Änderungsrate aus den Phasen Erprobung und Serienlieferung in die Phase der Entwicklung.

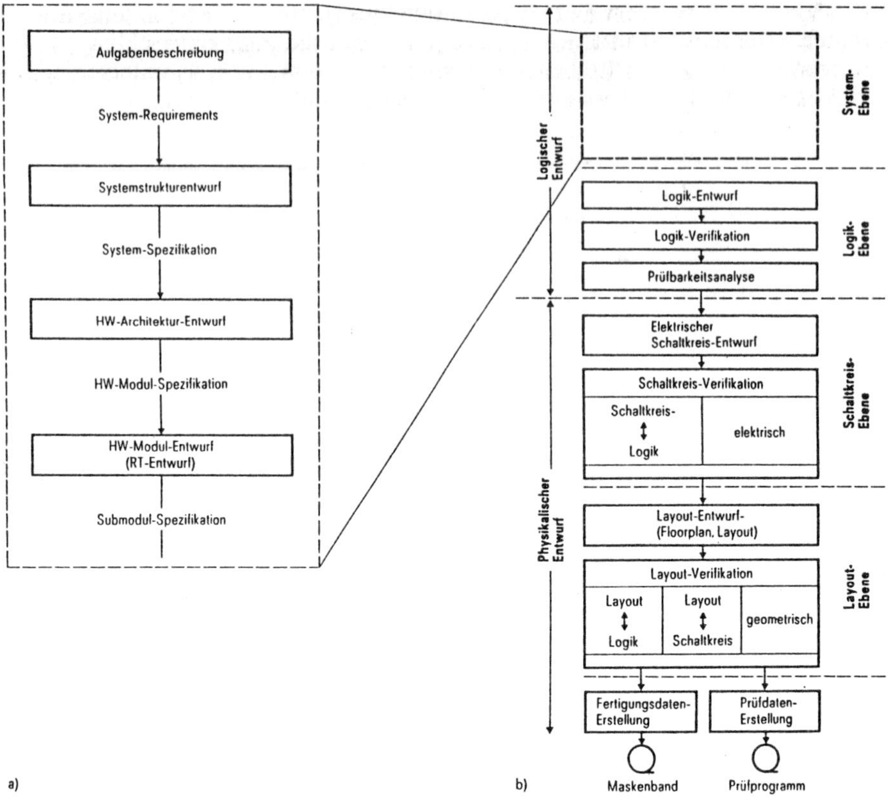

Abb. 4.3.2–6: Entwicklungsprozeßphasen beim System– und Chip–Entwurf

Ein anderer bedeutungsvoller Prozeß bei der Entwicklung digitaler Systeme ist die industrielle Softwareentwicklung und damit auch die sichere Softwareproduktion. Die Software–Entwicklungskosten liegen bei großen elektronischen Systemen bei ca. 80 % der gesamten Entwicklungskosten. Wie in Abb. 4.3.2–8 dargestellt wird, haben die meisten Softwarefehler ihre Ursachen im Stadium der Planung und des Entwurfs. Ihre Bereinigung wird umso teurer, je später sie entdeckt werden. Daher sind Werkzeuge des Requirement–Engineerings und des Rapid Prototyping, die also die frühen Phasen des Systementwurfs unterstützen, sehr wesentlich.

In der CIM/CAI–Strategieplanung ist es also wesentlich, herauszustellen, welches die strategisch relevanten Einzelprozesse sind, um damit auch die Funktionsinhalte und den Funktionsrahmen des CIM/CAI–Systems präziser definieren zu können. In diesem Kontext muß auch beispielsweise die Funktionsauswahl eines multifunktionalen Ingenieurarbeitsplatzes gesehen werden (vgl. Abb. 4.3.2–9).

Die strategische Bedeutung der Entwicklungsprozesse hängt maßgeblich von der Geschäftsausrichtung ab. Falls sich ein Geschäft mit Mechatronik umschreiben läßt, bei der die Integration elektronischer und mechanischer Technologien vollzogen wird, wie es z.B. in den Geschäftseinheiten Industrieroboter, numerisch gesteuerte Werkzeugmaschinen zutrifft, ist die Durchgängigkeit der Prozeßketten CAD–Mechanik und –Elektronik ein entscheidender Wettbewerbsfaktor (vgl. Peters 1988, S.9).

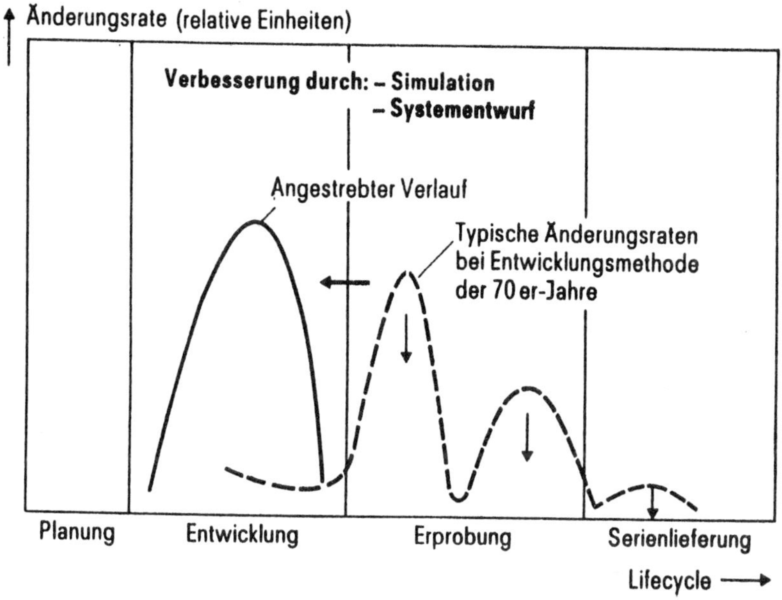

Abb. 4.3.2–7: Charakteristische Änderungsraten bei der Entwicklung von Großrechnern

Noch stärker wird die Notwendigkeit der Integration von CAD–Prozeßketten sein, wenn sich das Geschäft beispielsweise von der intelligenten Sensorik über die Mikromechanik zur Mikrosystemtechnik entwickelt. Bei der Mikrosystemtechnik wird eine monolytische oder hybride Integration – Basis ist ein Si–Substrat – von Komponenten der Mechanik, Elektronik, Optik, Akkustik usw. verfolgt.

• Neue FuE–Managementmethoden

Bei einer geplant hohen Innovationsrate, für die auch eine eigene hohe Technologiekompetenz eine wesentliche Voraussetzung ist, ist es unumgänglich, die Forschung in durchgestochene FuE–Produktphasenpläne miteinzubinden. In diesem Zusammenhang wird man im CAD/CAE–Systemteil auch verstärkt Projektmanagementwerkzeuge, wie Meilenstein–Trendanalysen, Netzplantechniken in Verbindung mit einer FuE–Resourcenplanung vorsehen. Gerade wenn "Zeit" der Differenzierungs–Erfolgsfaktor sein soll, so ist es notwendig, die relativ neuen FuE–Management–Methoden, wie Just–in–Time–Entwicklung und Simultaneous Engineering in die CAE–Konzeption einzubeziehen.

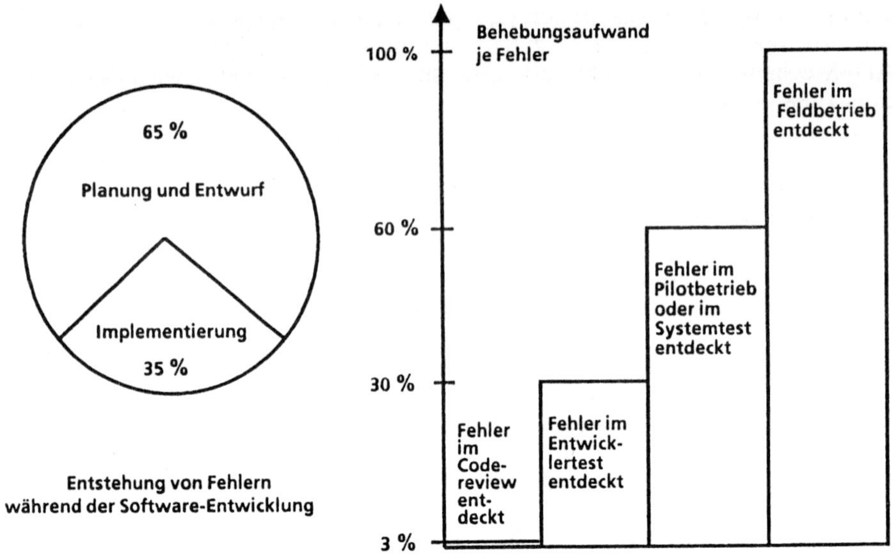

Abb. 4.3.2–8: Software–Entwicklungsfehlerarten und Behebungskosten im industriellen Bereich (Quelle: Siemens AG)

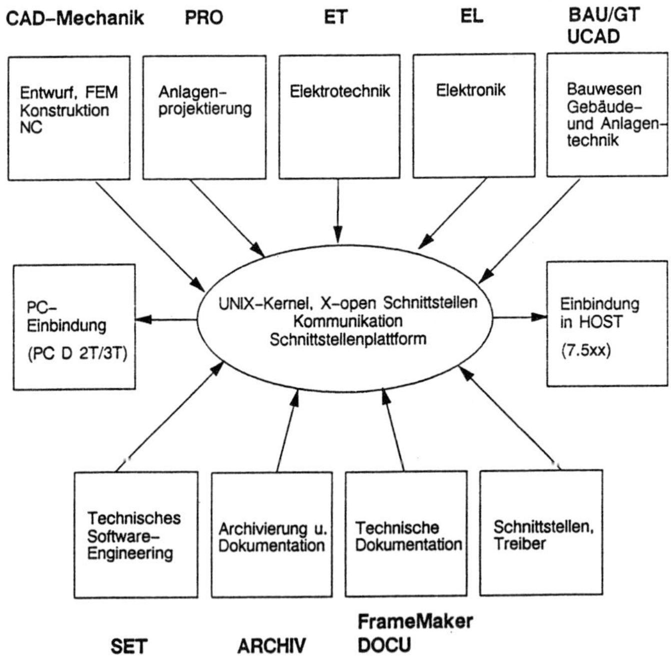

Abb. 4.3.2–9: Multifunktionaler Ingenieurarbeitsplatz auf Basis der WS 30–Workstation

Just-in-Time-Entwicklung, Simultaneous Engineering

Gerade zur rechten Zeit auf dem Markt zu sein, ist bei den kurzlebigen Elektronikprodukten entscheidend. Matti Otala - Technikchef der Firma Nokia - führt an, daß ihm der schrittweise Phasenplan: Entwicklung, Prototypenbau, der Hochlauf mit anfänglich kleinen Serien viel zu lange dauert und deshalb bezeichnet er die JIT-Entwicklung als die neueste Wunderwaffe im FuE-Bereich (vgl. Otala 1989, S.46-48). Die JIT-Entwicklung wird dabei in zwei Prozeßphasen unterteilt:

- Konzeption

- Produktentwicklung

Beide Phasen sollen ca. 9 Monate dauern, wobei in der ersten Phase die Bewertung und Durchführbarkeit neuer Innovationen überprüft wird. Hierbei werden keine starren Zeitpläne und Projektorganisationen angewandt. Am Ende der ersten Phase stehen nach Otala folgende Überlegungen:

> "Stellt sich in dieser Phase heraus, daß die Konkurrenz schneller war oder der Markt sich verändert hat, wandert das Konzept in den Papierkorb. Denn wer zu spät kommt, kann nur Verluste machen."

In der zweiten Phase werden neben der Produktentwicklung die Vorbereitungen für das Marketing und für den Fertigungsanlauf angestoßen. Dazu folgende Aussagen:

> "Unmittelbar nach dem Marschbefehl für die Entwicklung eines Produktes werden auch die Marketingabteilungen informiert und die Distributionskanäle aktiviert. Synchron zur Produktentwicklung und Produktionsvorbereitung läuft der für den Vertrieb und den Kundendienst notwendige Druck von Prospekten und Handbüchern an."

> "Rund ein Viertel der Nokia-Entwicklungsmannschaft befaßt sich in diesem Stadium ausschließlich mit der Vorbereitung des Fertigungsanlaufs - ein Aufwand, der bis zu 60 % der Entwicklungskosten verschlingt."

> "Am Ende der zweiten Phase der Just-in-Time-Entwicklung steht nicht etwa ein Prototyp, der erst getestet und dann in kleinen Stückzahlen hergestellt werden müßte - spätestens 12 Monate nach Start der Produktentwicklung beginnt die Massenproduktion."

D.h. in der zweiten Phase werden die Konzepte des Simultaneous Engineerings angewandt; es werden im Schwerpunkt parallel zur eigentlichen Produktentwicklung die Aktivitäten für die

- Prozeßentwicklung

- allgemeine Vorbereitungen für den Produktionsanlauf

- Logistik und Marketing

angestoßen (vgl. Tress, Simultaneous Engineering in der Elektronikproduktion, 1989, S.205 ff.).

Die abschließende Aussage ist die: Eine CIM/CAI–Konzeption muß so definiert werden, daß diese FuE–Methoden, falls sie für den Geschäftserfolg der Unternehmung relevant sind, rechtzeitig eingebaut werden können.

4.3.3 Gestaltungsfeld: Fertigung

Während die strategische Bedeutung von FuE und Marketing meistens relativ klar und offensichtlich ist, wird die Mission/Rolle der Fertigung, weitergefaßt der Produktion, oft doch sehr unterschiedlich beurteilt. Gerade für eine CIM–Konzeption muß die Rolle und damit das Ziel der Produktion klar definiert sein. Sehr gut sind die Ansätze über die Mission/Rolle der Produktion, wie sie von Hayes und Wheelwright beschrieben wurden (vgl. Hayes, Wheelwright, Restoring our Competitive Edge – Competing through Manufacturing, 1984, S.396 ff.)(vgl. Abb. 4.3.3–1).

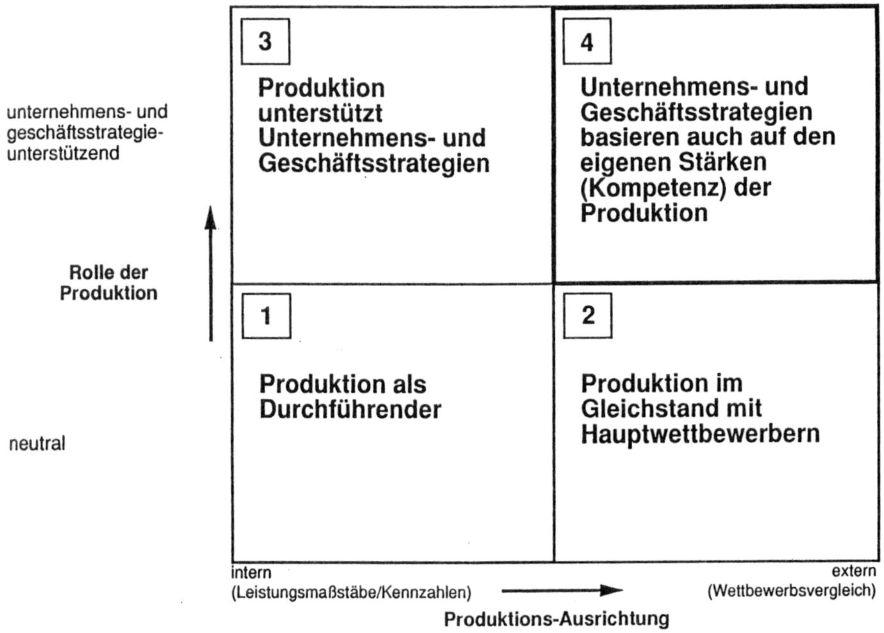

Abb. 4.3.3.–1: Vierstufenmodell der Produktion

Stufe 1: Produktion als Durchführender:

Die Produktion wird als eine Funktion gesehen, die den Wettbewerbsprozeß nicht oder nur unwesentlich beeinflussen kann; den Faktoren Produktionstechnologie, Fertigungstiefe, Betriebsmittelbau und anderen Produktionsgestaltungsgrößen wird nur geringe strategische Bedeutung beigemessen.

Dazu folgende Zitate (vgl. Hayes, Wheelwright 1984):

> "...zur Sicherstellung der kurzfristigen Effektivität in der Produktion werden ausgefeilte Kontrollmechanismen eingesetzt..."
>
> "...wie die Erfahrung zeigt, haben die Wettbewerbsschwierigkeiten amerikanischer Hersteller in den Branchen Unterhaltungselektronik und Elektrogroßgeräte ihre Wurzeln in der Einstellung, daß die Fertigung lediglich die Rolle hat, die Produkte aus fremdbezogenen Teilen zu montieren und zu testen"
>
> "...ebensowenig können ihre Allzweckanlagen wirksam mit den hochspezialisierten Fertigungseinrichtungen der Wettbewerber von Weltrang konkurrieren"

Stufe 2: Produktion im Gleichstand mit Hauptwettbewerbern.

Diese Stufe stellt eine Form der Wettbewerbsneutralität dar und wird von Hayes und Wheelwright folgendermaßen charakterisiert:

> "... bei der Beschaffung von Maschinen und Anlagen, dem Umfang und Timing von Kapazitätserweiterungen wird der branchenüblichen Praxis gefolgt"

In den Stufen 1 und 2 trägt die Produktion also nur wenig zur Erreichung wesentlicher Wettbewerbsvorteile bei (vgl. Skinner, Manufacturing - Missing Link in Corporate Strategy, 1980).

Stufe 3: Produktion unterstützt Geschäfts- und Unternehmensstrategien.

> "... auf dieser Stufe wird erwartet, daß die Produktion die Geschäftswettbewerbsposition unterstützt und stärkt, also einen substantiellen Beitrag zur Konzeption und Realisierung der Geschäfts- beziehungsweise Unternehmensstrategie leistet".
>
> "...die Produktion überprüft ihre Entscheidungen (Investitionsentscheidungen) auf die Konsistenz mit der Gechäftsstrategie des Unternehmens"
>
> "...die Unternehmungen der Stufe 3 wollen eine erfolgreiche wirksame Strategie in allen Funktionsbereichen Marketing, FuE, Produktion, Logistik

usw. erreichen und möchten daher, daß auch die Produktion eine langfristige Perspektive aufweist".

Stufe 4: Unternehmens- und Geschäftsstrategien basieren auch auf den eigenen Stärken, d.h. auf der Kompetenz in der Produktion.

"...damit wird nicht gemeint, daß die Produktion die Strategie vorschreibt, sondern, daß sie bei der Formulierung der strategischen Ziele gleichberechtigt mit den anderen Funktionsbereichen ist".

Unabhängig von der grundlegenden Geschäftsstrategie (Differenzierungsstrategie oder Kostenführerschaft) sollte die Produktion und damit die Fertigung im vierten Quadranten des Vierstufenmodelles positioniert sein und, da Produktionssysteme im allgemeinen schwer imitierbar sind, kann die Produktion einen entscheidenden Wettbewerbsfaktor bilden.

Auch aufbauend auf diesen Überlegungen gibt es im Gestaltungsfeld Fertigung, neben vielen anderen, folgende vier wesentliche Elemente (vgl. Abb. 4.3.3–2).

- Strategisch relevante Fertigungstechnologien
- Fertigungsbreite und -tiefe
  -Eigen-/Fremdfertigung
- Fertigungssegmentierung
  - produkt- oder prozeßorientiert
- Automatisierungsstrategien
  - Montageautomatisierung

Abb. 4.3.3–2: Gestaltungsfeld: Fertigung

● *Strategisch relevante Fertigungstechnologien*

Bei der Entscheidung über die Fertigungstiefe sollte auch die Einflußgröße – strategisch relevante Fertigungstechnologien – berücksichtigen. Es ist zu klären, welche der Vorfertigungs–, Montage– und Prüftechnologien werden für das zukünftige Produktionsprogramm in Abhängigkeit von den geschäftsexternen und –internen Zielen von großer Wichtigkeit sein?

Zur Beantwortung dieser Frage hat sich wiederum eine Analyse im Rahmen des Technologieportfolio–Ansatzes bewährt, und zwar wird dabei die Gesamtbedeutung der Technologie, die sich wieder aus der wirtschaftlichen und technischen Bedeutung zusammensetzt, und die eigene Stärke gegenüber dem Wettbewerb dargestellt (vgl. Abb. 4.3.3–3).

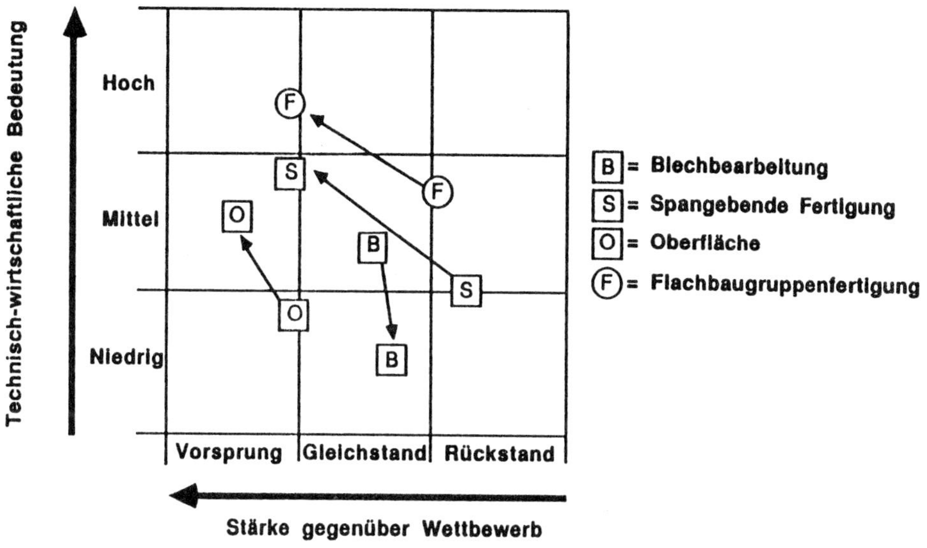

Abb. 4.3.3–4: Technologieportfolio für Fertigungstechnologien

Die technisch–wirtschaftliche Bedeutung einer Fertigungstechnologie hängt beispielsweise ab:

- Vom Stand auf der S–Kurve und damit vom Technologieweiterentwicklungspotential;
- dem produktiven Lohnanteil, der auf diese Technologie entfällt;
- von der Position der Technologie auf der Produktwertzuwachskurve;
- von der Kosten–/Funktions– und Qualitätsbeeinflussung.

Die Pfeilrichtung innerhalb des Technologieportfolios gibt an, in welche Richtung sich mittelfristig die Gesamtbedeutung der Technologie verändert. Die Technologien, welche zukünftig eine hohe Gesamtbedeutung aufweisen – sogenannte Kern– oder Schlüsseltechnologien – sollten soweit wie möglich im eigenen Unternehmen in der Art eines Centers of Excellence vorangetrieben werden. Eine Entscheidung, Komponenten, Teile und Baugruppen, die auch mit diesen Kern– bzw. Schlüsseltechnologien gefertigt werden, extern zu beziehen, kann dann richtig sein, wenn der im allgemeinen stärker fokussierte Zulieferant aufgrund eines höheren Stückzahlvolumens eine eindeutig höhere Kompetenz und/oder ein we–

sentlich günstigeres Preisniveau anbieten kann. Bei neuen Technologien, die sich weltweit abzeichnen, muß auch geklärt werden, inwieweit diese eine CIM/CAI-Architektur beeinflussen können und werden. Beispielsweise wurde in der Siemens AG im Detail überprüft, wie sich die Surface Mount Technology (SMT) auf ein CIM-Elektronik-System auswirkt. Es wurde u.a. festgestellt, daß von dieser Technologie alle CIM-Komponenten, und zwar teils maßgeblich, betroffen werden (z.B. CAD-Elektronik-Bibliotheken bzgl. der Landefleckengeometrie) (vgl. Weh 1989).

- *Fertigungsbreite und -tiefe*

Die Fertigungsbreite ergibt sich aus dem angestrebten Produkt- bzw. Lieferprogramm abzüglich der Handelsware, d.h. also der Enderzeugnisse, die zugekauft und damit nicht selbst gefertigt werden. Die Fertigungstiefe ist der Anteil der Be- und Verarbeitung, die eine Unternehmung in den eingesetzten Material- und Halbfertigfabrikaten in Form der Eigenfertigung vornimmt. Gerade mit der Strategieoption Fertigungstiefe kann die Logistikkomplexität entscheidend reduziert werden. Besonders in der Vorfertigung, die vielfach durch eine hohe Logistikkomplexität: hohe Teileanzahl, starker Vernetzungsgrad (Werkstattfertigungsstruktur) und Prognosesteuerung aufgrund meist langer Vorlaufzeiten gekennzeichnet ist, kann durch eine Fremdvergabe von Teilen die Fokussierung einer Fabrik wesentlich verbessert werden (vgl. Abb. 4.3.3-4).

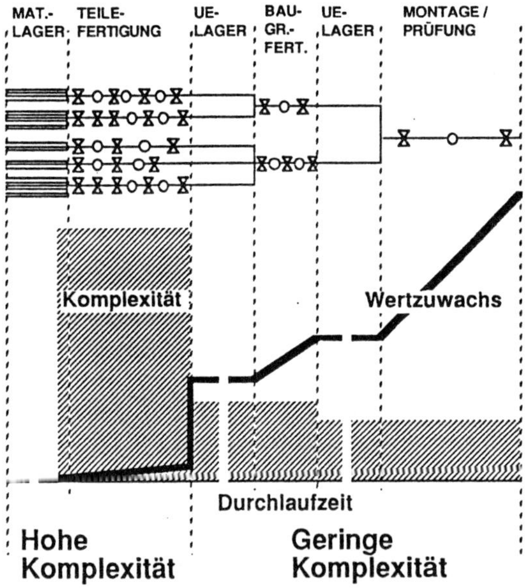

Abb. 4.3.3-4: Fertigungstiefe in Abhängigkeit der Logistikkomplexität

Auf der anderen Seite kann durch die eigene Fertigungskompetenz, falls sie sich auf die strategisch relevanten Teilefertigungstechnologien bezieht, starke Differenzierungspotentiale aufgebaut werden.

Aus der Analyse zur Fertigungstiefe wird auch abgeleitet, welche Technologien im Rahmen der z.B. CAD-Mechanik 2D/3D-Prozeßketten weiter verfolgt werden müssen:

Blechtechnologie: Stanzen
Nibbeln

Spantechnologie: Bohren
Drehen
Fräsen

Formtechnologie: Werkzeuge
Formteile

• *Fertigungssegmentierung*

Ein wesentliches Instrument, um die Fertigungs- und Logistikkomplexität und damit auch die CIM/CAI-Systemkomplexität zu reduzieren, bildet die Fertigungssegmentierung, die zu gut abgrenzbaren, überschaubaren und autonomen Fertigungseinheiten und damit zu klaren Schnittstellen führen soll. Diese Fertigungssegmente sind strukturelle Einheiten, die sich durch eine hohe Aufgabenintegration bezüglich Planungs-, Entscheidungs-, Durchführungs- und Kontrollaufgaben auszeichnen und die selbststeuernde Regelkreise mit hoher Kosten- und Leistungsverantwortung darstellen (vgl. Wildemann, Die modulare Fabrik, 1988, S.17ff.).

Die hohe Aufgabenintegration ist nur durch eine hohe Informationsverfügbarkeit vor Ort erreichbar. Diese wiederum wird erst durch die neuen Informationstechnologien z.B. leistungsfähige Workstation- und dezentrale Datenhaltungskonzepte ermöglicht.

Generell wird bei der Fertigungssegmentierung zwischen produkt- (vertikalen) und prozeßorientierten (horizontalen) Einheiten unterschieden:

Produktorientierte (vertikale) Fertigungssegmente

Hierbei wird die Fertigung von Produkten und Produktgruppen zusammengefaßt, die das gleiche oder ein ähnliches externes Zielprofil aufweisen (vgl. Abb. 4.2-9) und die durch eine hohe Form- und Funktionsähnlichkeit definiert sind. Bei dieser Segmentierung dominiert die Marktorientierung. Um beispielsweise im Rahmen einer Differenzierungsstrategie spezifische Logistikleistungen für ein bestimmtes Produkt-/Marktsegment anbieten zu können, wird ein Fertigungssegment definiert, in dem die logistische Kettenbildung möglichst weitgehend erreicht wird.

Die produktorientierte Fertigungssegmentierung basiert sehr stark auf den Konzepten von Skinner (vgl. Skinner, The Focusted Factory, 1974, S.114 ff.):

> "Learning to focus each plant on a limited, concise, manageable set of products, technologies, volumes, and markets."

> "Learning to structure basic manufacturing policies and supporting services so that they focus on one explicit manufacturing task instead of on many inconsistent, conflicting, implicit tasks".

Skinner schlägt beispielsweise das Konzept der Fabrik in der Fabrik vor, die eine Trennung der Fertigung von standardisierten und kundenspezifischen Produkten beinhaltet.

Die wesentlichen Kennzeichen einer produktorientierten Fertigungssegmentbildung sind:

- Konzentration der Fertigung auf Produkte, die das gleiche oder ein ähnliches externes Zielprofil aufweisen. Zwischen den produktorientierten Fertigungssegmenten sollte eine geringe Leistungsverflechtung vorliegen, sodaß dadurch je Segment eine einheitliche und von den anderen Segmenten unabhängige Produktions- und Logistikstrategie entwickelt werden kann.

- Es sollte ein hoher Autonomiegrad in dem Segment durch gezieltes Inkorporieren planender und indirekter Tätigkeiten, wie Rüsten, Instandhalten, Transportieren und Bereitstellen des Materials, erreicht werden. Durch dieses Konzept wird eine bewußte Abkehr vom Taylorismus angestrebt und dabei wird der Mensch wieder stärker in den Mittelpunkt der Arbeitsorganisation gestellt (vgl. Eidenmüller, Die Produktion als Wettbewerbsfaktor, 1989, S.159).

- Durch die Integration von planender und ausführender Tätigkeit wird auch eine hohe Kostenverantwortung angestrebt.

Prozeßorientierte (horizontale) Fertigungssegmente

Hierbei wird die Fertigung von Produkten und Produktsegmenten aufgrund des gleichen Verrichtungsprinzips zusammengelegt. Z.B. die Gießerei oder das Stanzen von Blech wird an einem Standort oder in einer Fertigungsabteilung konzentriert. Oft werden auch Produkte zusammengefaßt, um eine wirtschaftliche Automatisierung überhaupt erst zu ermöglichen. Das Segmentierungskriterium bildet somit der Prozeß oder ähnliche Prozeßfolgen. Über eine spezifische Prozeßbeherrschung wird versucht, Wettbewerbsvorteile über Kosten oder spezifische Prozeßkriterien, welche wiederum die Leistungs- und Qualitätsmerkmale eines Produktes beeinflussen, zu definieren.

Bezogen auf die Geschäftsstrategien, Kostenführerschaft oder Leistungsdifferenzierung gibt es vier wesentliche Fertigungssegmentquadranten (vgl. Abb. 4.3.3-5).

<u>Quadrant 1</u>: Kostendegression durch produktorientierte Hochautomatisierung

Charakteristische Merkmale:
- Relativ konstantes und hohes Produktionsvolumen mit gleichbleibendem Produktmix

- Fertigungsablauffolgen sind ungefähr gleich

- Große, konstante Losgrößen

Da in diesem Quadranten neben einer low-cost-Position auch meistens ein hohes Qualitätsniveau erzielt werden soll, ergibt sich folgende Realisierungsstrategie:

Anwendung von flexiblen Transferlinien (vgl. Abb. 4.3.3-10). Durch die entsprechende Mensch-Maschinen-Entkopplung kann auch eine hohe quantitative Flexibilität durch Nutzung im 24-Stunden Betrieb (personalarme 3. Schicht), an sechs Tagen durch entsprechende Arbeitszeitmodelle erzielt werden. Daraus folgt eine Kostendegression durch gezielte produktbezogene Erfahrungs- und Skaleneffekte mittels Hochautomatisierung.

Geschäftsstrategie / Fertigungssegmentierung	produktorientiert (vertikal)	prozeßorientiert (horizontal)
Kostenführerschaft	1 Kostendegression durch Hochautomatisierung (z.B. Transferlinien)	2 Kostendegression durch technologiebedingte Synergieeffekte (z.B. Graugußfertigung)
Differenzierung	3 Leistungsdifferenzierung durch spezifische externe Zielprofile (z.B. Segmentierung über die log. Kette)	4 Leistungsdifferenzierung durch technologiebedingte Leistungspotentiale (z.B. FFS)

Abb. 4.3.3-5: Fertigungssegmentierung

Quadrant 2: Kostendegression durch technologiebedingte Synergieeffekte

Charakteristische Merkmale:

Durch technologisch bedingte Gemeinsamkeiten wird ein breites Produktspektrum mit einem hohen Stückzahlvolumen zusammengeführt.

Realisierungsstrategie:

- Technologieorientierte Fertigung und weitestgehende Automatisierung der Prozesse;

- Hohe Ausnutzung der quantitativen Flexibilität, wie sie für den Quadranten 1 beschrieben wurde, um damit weitere Kostendegressionseffekte zu erzielen.

Generell wird man für diesen Quadranten Fertigungssegmente mit einem möglichst großen Kapazitätsquerschnitt definieren, um intensiv Größen- und Erfahrungskurveneffekte ausnutzen zu können. Bei diesen Fertigungssegmenten wird auch die BDE/CAM-Kopplung sehr eng mit dem Ziel ausgelegt, die Nebenzeiten besonders am Engpaßarbeitsplatz zu minimieren, um dadurch den Ausstoß zu erhöhen.

<u>Quadrant 3</u>: Leistungsdifferenzierung durch spezifische externe Zielprofile

Charakteristische Merkmale:

- Stark produkt- und marktbezogene Produktionsausrichtung mit relativ großen Serienstückzahlen;

- Die entsprechenden Zielmärkte weisen unterschiedliche produktbezogene Anforderungen an die extenen Zielprofile z.B. an die logistischen Leistungsmerkmale, wie Lieferzeit und Lieferservicegrad.

Realisierungsstrategie:
Definieren von produktbezogenen Fertigungssegmenten über mehrere Fertigungsstufen hinweg, die als eine logistische Kette betrachtet werden müssen. Z.B. im Rahmen einer kundenorientierten Produktion werden oft Montage und Prüffeld kundenauftragsbezogen gesteuert. Daher müssen in diesem Falle die beiden Fertigungsstufen evtl. mit dem Versand als eine logistische Kette betrachtet werden.

Fertigungssegmente im dritten Quadranten sollten stark flußoptimiert sein, d.h. die Kapazitäten über die Fertigungsstufen der logistischen Kette - betrifft auch die Lager- und Transportsysteme - sollten nicht nur bezüglich der Größenfestlegung gut aufeinander abgestimmt sein, sondern auch die notwendige, in den externen und internen Zielprofilen definierte Flexibilität, muß harmonisiert sein. Generell verwendet man bei diesen Fertigungssegmenten relativ schmale Kapazitätsquerschnitte, die, um die Flußorientierung realisieren zu können, oft aus dedizierten Anlagen - vgl. Abb. 4.3.3-6 - bestehen. Dabei wird auch versucht, Zwischenpufferungen soweit wie möglich auszuschalten.

<u>Quadrant 4</u>: Leistungsdifferenzierung durch spezifische technologiebedingte Leistungspotentiale

Charakteristische Merkmale:

Fall 1:
Kundenspezifische Anpassung hochwertiger Produkte, d.h., das Produktspektrum weist viele kundenspezifische Varianten mit kleinen Stückzahlen auf.

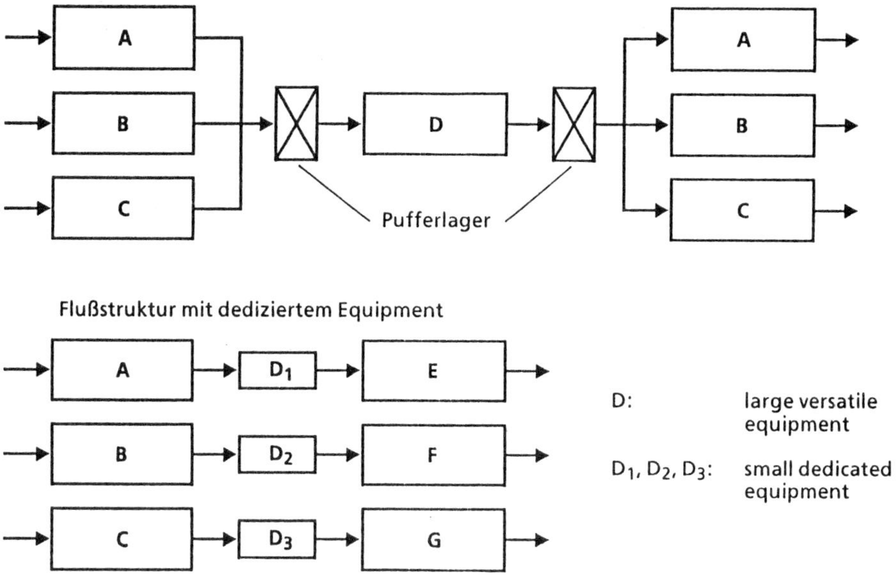

Abb. 4.3.3-6: Übergang zu produktorientierten, flußoptimierten Fertigungssegmenten (Quelle: Suzaki, The New Manufacturing Challenge, 1987, S. 61)

Fall 2:
Kundenspezifische Kleinserienfertigung mit qualitativ hochwertigen Produkten, die auf einem besonderen Prozeß-Know-how aufbauen (z.B. Know-how in der Mikromechanik oder beim Laserfräsen usw.).

Fall 3:
Kundenspezifische Fertigungsausrichtung mit Einzelfertigungscharakter

Alle drei Fälle sind durch geringe Losgrößen und starke Produktionsschwankungen geprägt.

Realisierungsstrategie:
Im Fall 1 wird man versuchen, das Technologiepotential der flexiblen Fertigungssysteme gezielt auszunutzen. Dies führt, wie auch im Fall 2, zu Fertigungstechnologie-fokussierten Produktionssystemen. Fall 1 kommt auch dann zustande, wenn erst durch Zusammenführung eines breiten Produktspektrums eine wirtschaftliche Automatisierung ermöglicht wird.

Ein Einsatzvergleich von flexiblen Fertigungssystemen in USA bzw. in Japan hat ergeben, daß in Japan mit FFS-Konzepten tatsächlich hochflexible Marktanforderungen erfüllt werden (vgl. Jaikumar, Flexible Fertigungssysteme in Japan und USA, 1987). Dagegen setzen US-Firmen FFS-Konzepte mehr für engbegrenzte Varianten/Teilespektren ein. In der letzteren Anwendung werden die strategischen Vorteile einer flexiblen Hochleistungstechnologie nur begrenzt ausgenutzt und durch die sich daraus ergebende geringe Auslastung kommt es zu verhältnismäßig hohen Fertigungsgemeinkosten.

In den Fällen 2 und 3 wird stärker auf eine Automatisierung spezifischer Prozesse gesetzt. Es werden auch Automatisierungskonzepte eingesetzt, die im Rahmen hochflexibler Bearbeitungsszentren eine weitgehende Komplettbearbeitung ermöglichen. Damit ist es auch möglich, die meist hohen Liegezeiten, welche bei einem Arbeitsplatzwechsel entstehen, auszuschalten.

	USA *	Japan *
Pro FFS gefertigte Teiletypen	10	93
Jährliches Produktionsvolumen pro Teil	1727	258
Zahl der pro Jahr neu eingeführten Teiletypen	1	22
Pro Tag hergestellte Teile	88	120
Maschinen pro FFS	7	6
Anlagen in vollautomatischem Betrieb	0	18
Kapazitätsauslastung im Zweischichtbetrieb in Prozent	52	84
Durchschnittliche Maschinenbelegungszeit pro Tag in Stunden	8,3	20,2

*) Basis 35 FFS in USA und 60 FFS in Japan (1984)

Quelle: Flexible Fertigungssysteme in Japan und USA
Prof. Ramchandran Jaikumar, HAVARD manager 2/1987

Abb. 4.3.3–7: Vergleich des Einsatzes von flexiblen Fertigungssystemen in USA und Japan

Basis für die Segmentierung sind anspruchsvolle Prozesse und Prozeßfolgen, die beipielsweise durch teilautonome Kleingruppen mit entsprechender Prozeßverantwortung realisiert werden. Z.B. bei einem konkreten Einsatz einer teilautonomen Arbeitsgruppe, die eine Komplettfertigung einschließlich Prüfung anstrebt, konnten signifikante Verbesserungen – vgl. Abb. 4.3.3–8 – realisiert werden.

Das Thema Fertigungssegmentierung wurde relativ ausführlich beschrieben, denn – nach Meinung des Autors – ist eine gute Fertigungssegmentierung eine wesentliche Voraussetzung, die hierarchischen Automatisierungsebenenkonzepte in der CAM–Komponente – vgl. Abschnitt 4.3.8 – wirkungsvoll lösen zu können.

• Automatisierungsstrategien

Eng an das Konzept der Fertigungssegmentierung sind die Automatisierungsstrategien gekoppelt. Angepaßt an die Geschäftsstrategie gibt es zwei grundsätzliche Automatisierungsstrategien:

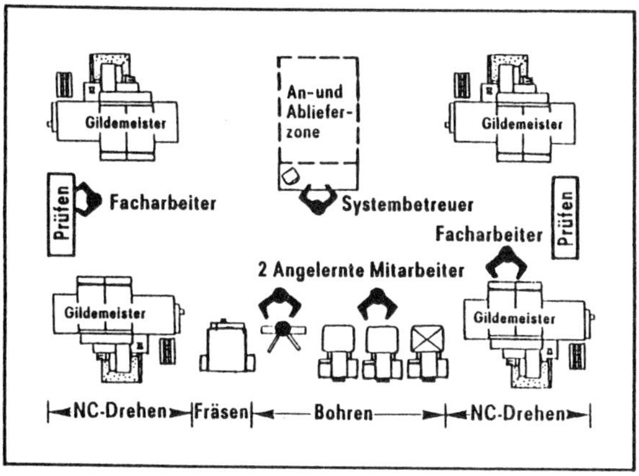

Produkt:

Flügelräder, Lagerschilde u. Deckel für Dreh- u. Gleichstrommotoren

- **Kleinste Losgrößen**
- **Große Typenvielfalt**

Fertigungszelle:

- **Teilautonome Kleingruppe (5 MA) mit Prozeßverantwortung**
- **Komplett-Fertigung, einschl. Prüfung**
- **Mitarbeiterstruktur**
  - **1 Systembetreuer**
  - **2 Facharbeiter**
  - **2 Angelernte Mitarbeiter**

Ergebnisse:
(gegenüber Ausgangszustand):

NC-Maschinennutzung	+42%
Durchlaufzeiten	−25%
Werkstattbestände	−60%
Bearbeitungskosten	−29%

Abb. 4.3.3–8: Prozeßverantwortliche, flexible Einheit in einer Elektromotorenfertigung (Quelle: Siemens AG, ZTP)

- Produktivitätsoptimiert (Kostenführerschaft)

- Flexibilitätsoptimiert (Differenzierungsstrategie)

In der Praxis gibt es für diese beiden grundsätzlichen Automatisierungsstrategien viele unterschiedliche Gestaltungsausprägungen, von denen einige in Abbildung 4.3.3–9 angeführt sind.

Je nach der Jahresproduktionsstückzahl pro Produkt/Werkstück und je nach Anzahl verschiedener Werkstücke gibt es unterschiedliche Automatisierungssegmente, die von der Transferlinie mit der höchsten Produktivität bis zur NC-Maschine mit der höchsten Flexibilität reichen (vgl. Abb. 4.3.3–10).

Wie in Abschnitt 4.3.1 erläutert wurde, ist es notwendig, besonders die Montageautomatisierung aufgrund der großen Rationalisierungspotentiale voranzutreiben. Während im Vorfertigungsbereich bereits heute weitgehend automatisierte Bearbeitungssysteme eingeführt sind, ist der Automatisierungsgrad der Montage noch vergleichsweise gering. Gründe hierfür sind (vgl. Siemens AG 1986, S.2–1):

- Hohe Komplexität der Montageobjekte, gekennzeichnet durch die Art und Anzahl der zu montierenden Einzelteile bzw. Baugruppen;

- komplexe Montagefolgen, die eine exakte Planung und Steuerung des Material- und Informationsflusses erfordern;

- im Gegensatz zur Teilevorfertigung ist die Montage durch eine geringe Multiplikatorwirkung gekennzeichnet, d.h. im Montagebereich überwiegen produktspezifische und daher sehr verschiedenartige Arbeitsinhalte (Handhabungs-, Füge-, Justage-, Prüftätigkeiten). Einmal gefundene Lösungen lassen sich deshalb nur sehr schwer auf andere Produkte übertragen;

- die Montage ist ein Sammelbecken aller Fehler, d.h. schwankende Fertigungsqualitäten, Anliefer- und Fertigungsdurchlaufzeiten usw. der zu montierenden Einzelteile kumulieren in der Montage;

- die intelligente Sensorik, wie visuelle Sensoren zur Erkennung von Werkstücken und Werkzeugen, zur Größen-, Lage- und Orientierungsmessung, die für eine Montageflexibilisierung die Voraussetzung bildet, ist noch relativ teuer.

Diese Gründe sind wesentliche Einflußgrößen dafür, daß die Montageautomatisierung nur langsam vorankommt (vgl. Milberg 1987).

Flexibilitätsorientiert

- Einsatz von Universalmaschinen oder -einheiten
- unterschiedliche Arbeitsinhalte und Arbeitsfolgen erfordern freiprogrammierbare Steuerungen
- keine starre Verkettung, keine Werkstückträger
- hoher Rüstkomfort, möglichst automatisiertes Rüsten
- flexible Bauteilzuführung
  - geordnete Anlieferung
  - parallele Zuführstationen
- Teilehandling im Prozeß integriert
- Verwalten und Steuern unterschiedlicher Teile und Aufträge
- Typwechsel ohne Leerfahren der Einrichtung

Produktivitätsorientiert

- Aufsplitterung in einfache Fertigungsstufen
- Einsatz von modularen Einzweckmaschinen
- Verkettung von Taktung, Einsatz von Werkstückträgern sinnvoll
- Integration des Prüfprozesses möglichst in jeden Fertigungsschritt
- einfache Prozeßüberwachung
- einfaches Teilehandling (immer geometrisch gleiche Teile)
- kurzzyklisches Teilehandling
- Ver- und Entsorgung in großen Mengen
- kein Rüsten
- automatischer Werkzeugwechsel bei Verschleiß

Abb. 4.3.3-9: Gestaltungsausprägungen bei flexibilitäts- bzw. produktivitätsoptimierten Automatisierungsstrategien

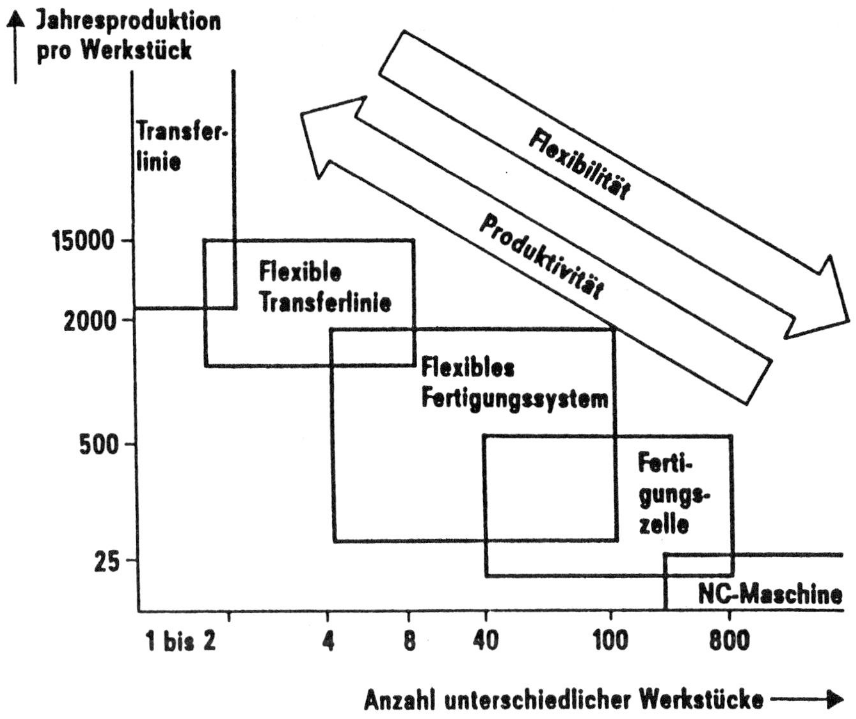

Abb. 4.3.3–10: Unterschiedliche Automatisierungssegmente

Die Montageautomatisierung läßt sich bezüglich der Flexibilität und des Integrationsgrades in neun Untergruppen unterteilen (vgl. Abb. 4.3.3–11)(vgl. Brankamp 1975).

Flexibilität bedeutet hierbei die Anpassungsfähigkeit einer Montageanlage an wechselnde Montageaufgaben. Bezüglich des Integrationsgrades (Automatisierungsumfang) werden prinzipiell drei Stufen unterschieden:

- Automatisierter Montagevorgang:
  Eine einzelne Teilfunktion der Montage ist automatisiert, z.B. ein automatischer Schraubvorgang

- Automatisierter Montageablauf:
  Verknüpfung mehrerer automatisierter Montagevorgänge bzw. –funktionen, z.B. Komplettmontage eines Kleinmotors an mehreren, durch Transport und Zubringeeinrichtungen verknüpfte Montagestationen bzw. an einer universellen Montageeinrichtung.

- Automatisierter Montageprozess:
  Hierbei wird von einem automatisierten Montageablauf unter Einbeziehung zusätzlich erforderlicher Funktionen wie Prüfen, Justieren o.ä. gesprochen.

Integration / Flexibiliät	Automatisierter Montagevorgang - eine Montagefunktion	Automatisierter Montageablauf - mehrere Montagefunktionen - Transport- und Zubringerfunktionen	Automatisierter Montageprozeß - mehrere Montagefunktionen - Transport- u. Zubringerfunkt. - Prüffunktionen
geringe Flexibiliät	z.B. Montageautomat für eine Montagefunktion	z.B. Montagesondermaschine	z.B. Einzweck-Montagetransferstraße mit Funktionsprüfung
mittlere Flexibiliät	z.B. Montageautomat für eine Montagefunktion mit auswechselbarem Werkzeug	z.B. Einzweck-Montagemaschine aus Bausteinen	z.B. Einzweck-Montagetransferstraße aus Bausteinen mit Funktionsprüfung
hohe Flexibiliät	z.B. Montageautomat für eine Montagefunktion mit selbsttätiger Adaption an unterschiedliche Montageaufgaben	z.B. frei programmierbarer Bewegungsautomat (z.B. Industrieroboter)	z.B. frei programmierbares Montagesystem für alle Montage- und Prüffunktionen

Abb. 4.3.3–11: Automatisierungskonzepte der Montage (Quelle: Brankamp 1975)

Der Aufwand für die Steuerung und damit für die Informationsverarbeitung steigt mit zunehmendem Integrationsgrad der Montageautomatisierung an, und daher ist dieser Integrationsgrad eine wesentliche Bestimmungsgröße der CAM–Komponente.

Die Auswirkung unterschiedlicher Montageautomatisierungskonzepte auf die Kostenposition wird in Abb. 4.3.3–12 dargestellt. In dieser Abbildung werden modellhaft die Montagekosten je Stück in Abhängigkeit von der Montagemenge gezeigt. Diese Abhängigkeit stellt die Kostendegression durch sogenannte Scale–Effekte dar. Es gibt ein klar abgegrenztes Segment für die wirtschaftliche Nutzung flexibler, d.h. programmierbarer Montagesysteme. Dieses Segment wird dadurch charakterisiert, daß die Scale–Effekte flexibler Systeme nicht so stark ausgeprägt sind wie bei den konventionellen Montageautomaten; Scale–Effekte werden teilweise durch Scope–Effekte ersetzt.

Jedoch auch hierbei kommt zum Ausdruck, daß bei automatisierten Montagesystemen die Kostenpositionen im Durchschnitt relativ stark von der Montagemenge pro Jahr abhängt und somit sind auch für flexible Fertigungssysteme entsprechende Markt–(Weltmarkt–)Anteile eine wesentliche Voraussetzung für eine kostengünstige Fertigung.

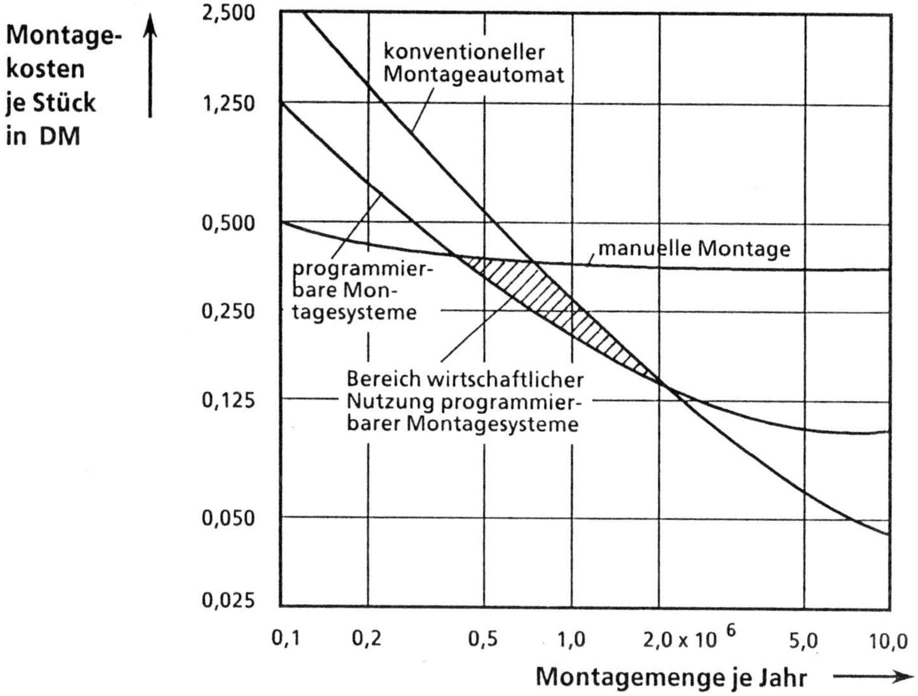

Abb. 4.3.3-12: Scale-Effekte unterschiedlicher Montagekonzepte

4.3.4 Gestaltungsfeld: Logistik

Die hohe strategische Bedeutung der Logistik kann durch drei Gründe verifiziert werden:

- Die logistischen Größen wie Liefertreue, Lieferqualität und Lieferservice spielen heutzutage bei der Kundennutzen-Beurteilung oft schon eine mitentscheidende Rolle.

- Im Rahmen der kurzen Produktlebenszyklen sind alle Zeitanteile kritisch und viele werden durch die Logistik, wie Lieferzeit, Auftragsabwicklungszeit, Fertigungsdurchlaufzeit usw. beeinflußt.

- Mit den JIT-Strategien: Flußorientierung und Eliminierung von allem was nicht unmittelbar zur Wertschöpfung des Produktes beiträgt, sind signifikante Ratiopotentiale freigelegt worden.

Generell besteht die Logistik aus drei Segmenten und zwar aus der Distributions-, Produktions- und Beschaffungslogistik. Wesentliche Gestaltungselemente für diese drei Segmente, die auch maßgeblich das CIM/CAI-Konzept formen und daher vor der eigentlichen CIM/CAI-Konzeption festgelegt werden müssen, sind (vgl. Abb. 4.3.4-1):

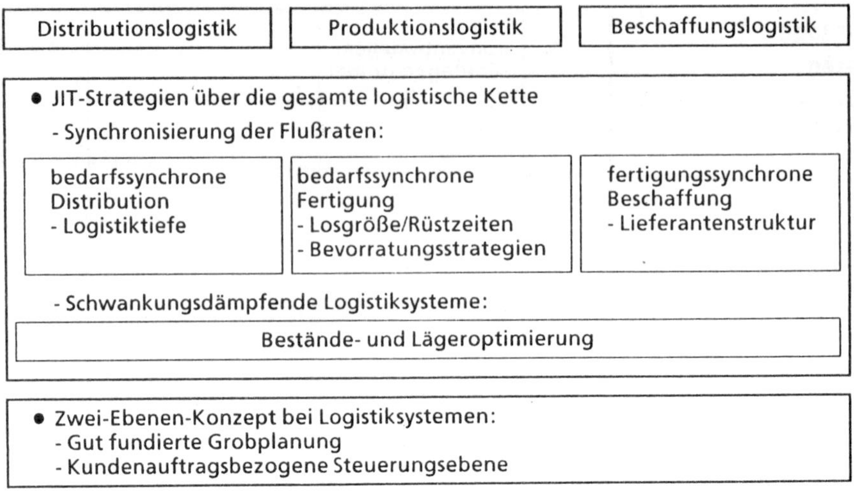

Abb. 4.3.4–1: Gestaltungsfeld: Logistik

• JIT–Strategien über die gesamte logistische Kette

Im Zuge der Just–in–Time–Philosophie hat sich vieles verändert: Früher ging man von der Überlegung aus, daß durch Hinzufügung von Sicherheiten z.B. im Umlaufvermögen oder in der Durchlaufzeit eine hohe Auslastung der Kapazitätseinheiten erzielt wird. Es herrschte die Vorstellung, daß diese Sicherheiten zur Effizienzsteigerung beitragen. Inzwischen hat sich die Erkenntnis durchgesetzt, daß Sicherheiten lediglich zu einer erhöhten Kapitalbindung im Umlaufvermögen sowie zur Bereitstellung zusätzlicher Kapazität führen und keinen Beitrag zur Wertschöpfung leisten.

Die veränderte Sicht zur Funktion von Beständen wird aus Abb. 4.3.4–2 deutlich.

Im Rahmen der JIT–Philosophie wird also nur das gefertigt, was unmittelbar gebraucht wird, und das ist wiederum nur erreichbar, wenn die Flußraten der Distributionslogistik mit den Flußraten der Produktions- und Beschaffungslogistik übereinstimmen. Dies führt im weiteren zu den Strategien der bedarfssynchronen Distribution und Fertigung und auch zur fertigungssynchronen Beschaffung.

Bedarfssynchrone Distribution

Sie wird durch eine zeit- und damit bestandsminimierte Verteilung der Waren zum Kunden hin erreicht. Ein wesentliches Gestaltungselement dafür, welches auch das CIM/CAI–System beeinflußt, ist die Logistiktiefe, und zwar stellt sich hierbei die Frage, ob logistische Funktionen nach extern vergeben werden können und sollen. Durch gezielte Inanspruchnahme von Dienstleistungen von Speditionsbetrieben kann oft die punktgenaue Lieferung der Ware an den Kunden wesentlich verbessert werden.

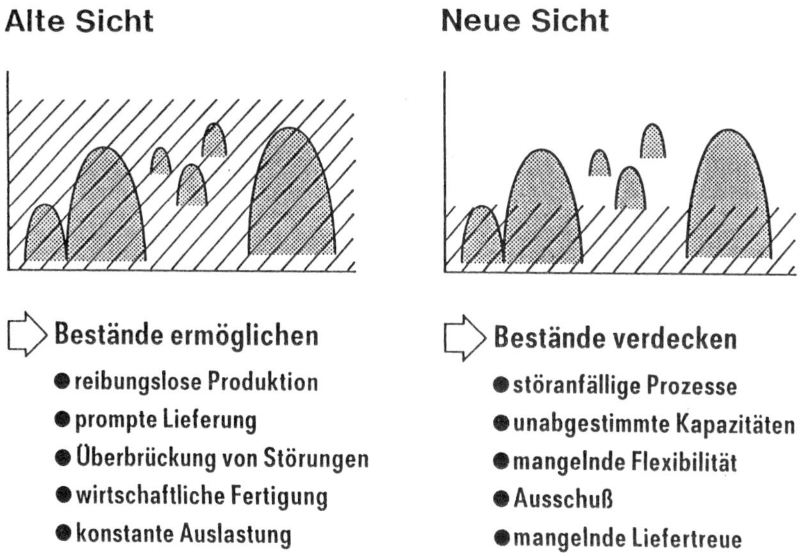

Abb. 4.3.4–2: Alte und neue Sicht bezüglich der Funktion von Beständen

Bedarfssynchrone Fertigung

Die wesentlichen Voraussetzungen für eine bedarfssynchrone und damit für eine flußorientierte Fertigung sind:

- Harmonisierung der Kapazitätsquerschnitte und des Flexibilitätsgrades der entsprechenden Fertigungsstufen innerhalb eines Fertigungssegmentes (vgl. Abschnitt 4.3.3).

- Kleine Losgrößen und damit kurze Rüstzeiten. Speziell die Reduzierung der Rüstzeit und damit der Losgröße führt simultan zur Verbesserung dreier wesentlicher Zielgrößen und zwar zu geringeren Kosten, zu höherer Qualität und höherer Flexibilität; die Wirkungsmechanismen dafür sind in Abb. 4.3.4–3 dargestellt.

Für eine "time–based" Wettbewerbsstrategie sind auch kurze Fertigungsdurchlaufzeiten, die maßgeblich durch kleine Losgrößen und kleine Rüstzeiten beeinflußt werden, von hoher Bedeutung. Bezüglich Rüstzeitminimierung haben japanische Firmen neue Maßstäbe gesetzt. Z.B.:

"Toyota proved, and American companies have confirmed, that virtually all setups can be reduced by 90 %". (vgl.: Gooch/Georg/ Montgomery 1987)

Dabei wird die sogenannte Vier–Stufen–Methode angewandt (vgl. Abb. 4.3.4–4)

Neben der Rüstzeitminimierung ist auch die Losgrößenharmonisierung ein wesentlicher Hebel, um Durchlaufzeiten zu reduzieren; es sollten Losgrößen–/ Betriebsauftragsbildungen im Rahmen der PPS–Verfahren so vorgenommen werden, daß die Arbeitsinhalte der Betriebsaufträge besonders am Engpaßarbeitsplatz ungefähr gleich hoch sind. Größere Schwankungen in den Arbeitsinhalten führen besonders bei Werkstattfertigungsstrukturen zu einem überproportionalen Anstieg der Liegezeiten, die bei dieser Fertigungsstruktur einen ca. 90%igen Anteil an der Fertigungsdurchlaufzeit erreichen können.

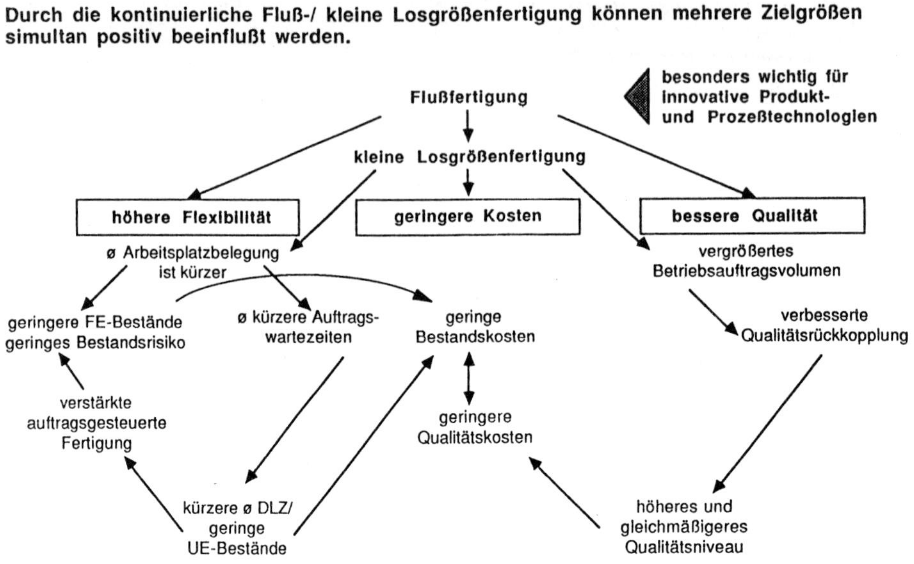

Abb. 4.3.4–3: Wirkungsmechanismen kleiner Losgrößen

Step 1. Separate the Setup into two portions:
External Setup: Changes that can be done while the Operation is producing.
Internal Setup: Changes which require the Operation to be shut down.

Step 2. Convert Internal Setup to External Setup

Step 3. Streamline Internal

Step 4. Eliminate Adjustments

Abb. 4.3.4–4: Vier–Stufen–Methode zur Rüstzeitminimierung

– Bevorratungsstrategie

In der bedarfssynchronen Fertigung sollte im wesentlichen das gefertigt werden, was unmittelbar gebraucht wird. Diese Forderung wird durch gezielte Bevorratungsstrategien operationalisiert. Die Bevorratungsstrategie legt fest, von welcher Ebene aus der Kundenauftrag beliefert werden soll. Dies bedeutet auch eine Entscheidung darüber, ab welcher Stufe der logistischen Kette auftragsanonym und ab welcher kundenauftragsbezogen gefertigt werden soll. Die Bevorratungsebene wird vom Verhältnis der Lieferzeit zur Restdurchlaufzeit beeinflußt (vgl. Abb. 4.3.4–5) und sollte auf einer sehr niedrigen Dispositionsstufe liegen, sodaß in großem Umfang die Fertigung kundenauftragsbezogen gesteuert werden kann.

Fertigungssynchrone Beschaffung

Die fertigungssynchrone Beschaffung strebt die hohe Verfügbarkeit der für die Herstellung eines Produktes notwendigen Teile in der benötigten Menge, zur rechten Zeit, am richtigen Arbeitsplatz im nachfragenden Unternehmen an (vgl. Wildemann, Produktionssynchrone Beschaffung, 1988, S.3). Dies wird im wesentlichen durch eine enge Partnerschaft zwischen Lieferant und Abnehmer realisiert (vgl. Abb. 4.3.4–6).

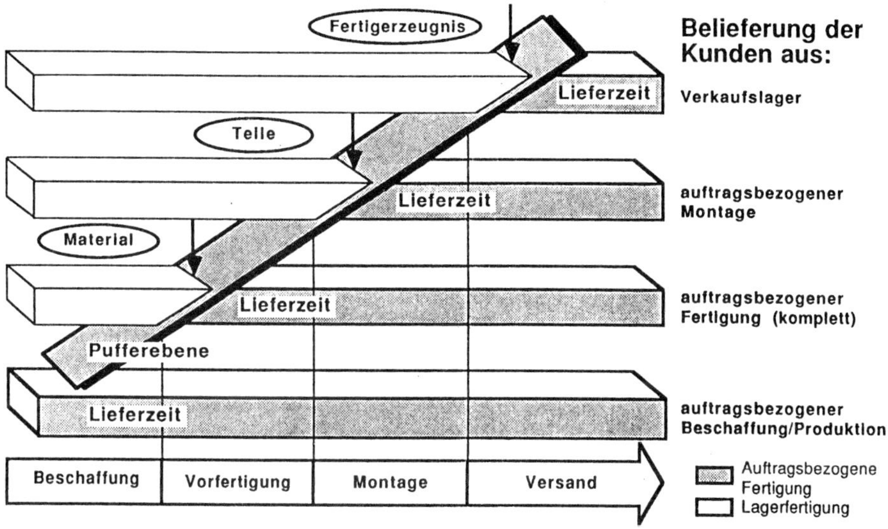

Abb. 4.3.4–5: Bevorratungsebene in Abhängigkeit von der Liefer- und Restdurchlaufzeit

Konkrete Anwendungen dieser fertigungssynchronen Beschaffung zeigen, daß damit simultane, signifikante Verbesserungen in den Zielgrößen Flexibilität, Reaktionsfähigkeit, Qualität und Logistikkosten erreicht werden können (vgl. Abb. 4.3.4–7).

Die Konzepte der fertigungssynchronen Beschaffung führen auch zu vereinfachten Ablaufstrukturen, die wiederum die Komplexität des CIM/CAI-Systems reduzieren (vgl. Abb. 4.3.4–8).

Ein weiterer Punkt, der die Komplexität des Systems reduziert und der unmittelbar im Zusammenhang mit der fertigungssynchronen Beschaffung gesehen werden muß, ist die gezielte Reduzierung der Lieferantenzahl. Aufgrund der hohen Bedeutung der fertigungssynchronen Beschaffung, die eine enge Systemverknüpfung mit dem Lieferanten notwendig macht, ist eine Konzentration auf Vorzugslieferanten unumgänglich. Dies führte in der Vergangenheit dazu, daß beispielsweise zwei namhafte Elektronikfirmen in den USA in den letzten Jahren die Zahl der weltweiten Lieferanten von tausenden auf hunderte reduziert haben.

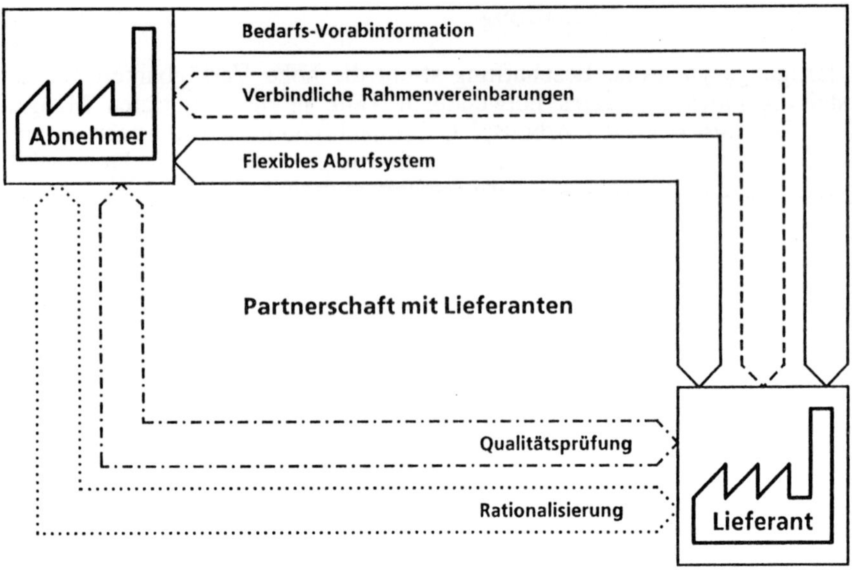

Abb. 4.3.4–6: Basis der fertigungssynchronen Beschaffung: Partnerschaft mit Lieferanten

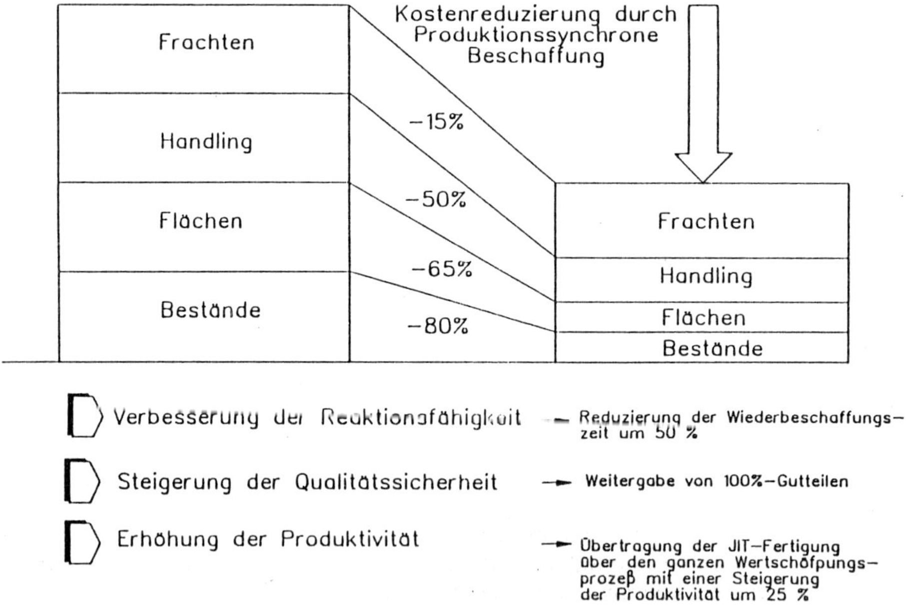

Abb. 4.3.4–7: Konkretes Beispiel einer fertigungssynchronen Beschaffung (Quelle: Wildmann 1988, S. 133)

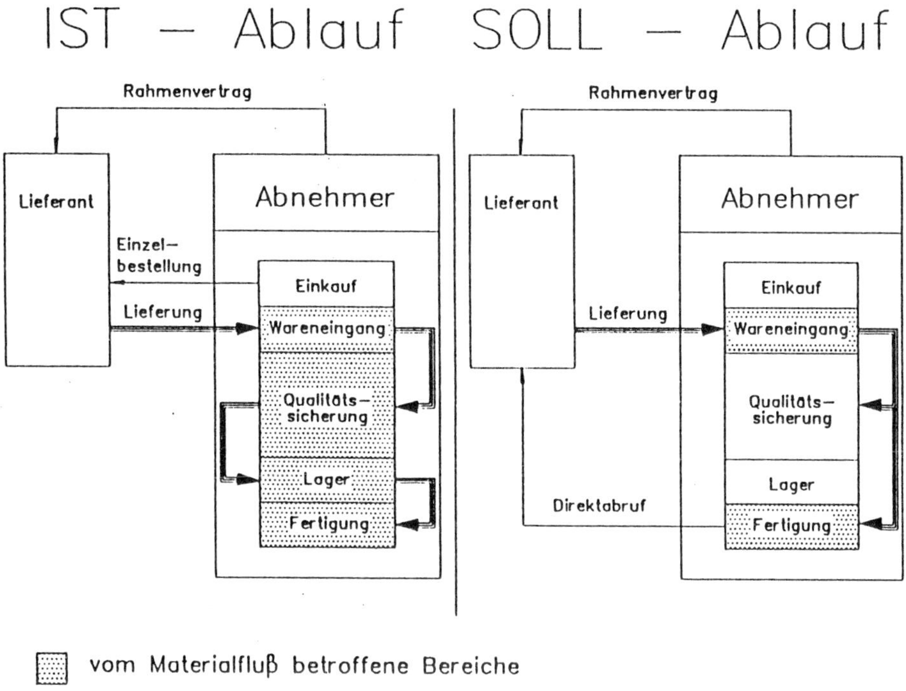

Abb. 4.3.4–8: Ist/Soll–Ablauf, d.h. Ablauf bei der traditionellen und bei der fertigungssynchronen Beschaffung (Quelle: Wildemann 1988, S. 94)

Schwankungsdämpfende Logistiksysteme

Im Rahmen des JIT–Ansatzes wird jeder Vorgang, der nicht unmittelbar zur Wertschöpfung eines Produktes beiträgt, wie Rüsten, Prüfen, Transportieren, Lagern usw. in Frage gestellt. Im Rahmen dieser Überlegung müssen die oft vielfach vorhandenen Lagerstufen über die gesamte logistische Kette, wie Regional–/Verkaufslager, Eilmontage–, Wartungslager, Läger für fertige und unfertige Erzeugnisse in den Vertrieben und Werken auf ihre unbedingte Notwendigkeit untersucht werden. In der gesamten logistischen Kette sollten nur solche Läger verwendet werden, die einen entscheidenden Beitrag zur Realisierung der externen wie internen Logistikgrößen leisten. Da die Bestandsverantwortung für die unterschiedlichen Läger meistens in unterschiedlichen Abteilungen liegt, werden die einzelnen Lagerstufen für sich isoliert optimiert und daher werden über die gesamte Logistikkette im allgemeinen zu hohe Bestände geführt. Die vielen Lager– und damit auch Dispositionsstufen führen dazu, daß sich pro Dispositionsstufe Verstärkungseffekte bilden, die zu erheblichen Bedarfsschwankungen in den Unterstufen führen und damit hausgemachte Konjunkturschwankungen auslösen. Daraus folgt, nur durch die Gesamtoptimierung der Bestände können diese sogenannten "Industrial Dynamics–Effekte" reduziert werden. Ein anderer Faktor, der auch zu Aufschaukelungseffekten führt, ist die Bestandsregel: Planbestände von Fertig– und Unfertigerzeugnissen in Prozent zum Umsatz zu setzen. Wenn der

Umsatz sich erhöht, werden die Planbestände vergrößert und um diese Erhöhung wird das notwendige Fertigungsprogramm erhöht. Fällt der Umsatz, so wird das Fertigungsprogramm nicht nur um die geringere Umsatzstückzahl reduziert, sondern auch zusätzlich um das Delta der Planbestandskorrektur. Diese Bestandsregel führt also dazu, daß die Bestände keine puffernde sondern eine aufschaukelnde Wirkung haben. Planbestände sollten sich nicht an Umsatzdurchschnittswerten orientieren, sondern an der Streuung des Kundenbedarfverlaufs. Dies erfordert jedoch rechnerunterstützte Zeitreihenmodelle, die in die CIM/CAI-Konzeption miteinzubinden sind.

Um diese schwankungsdämpfenden Logistiksysteme in der Praxis umsetzen zu können, ist ein

- **Zwei-Ebenen-Konzept für Logistiksysteme**

notwendig. Dieses Konzept baut auf einer gut fundierten Grobplanung mit einem relativ weitreichenden Planungshorizont und der kundenauftragsbezogenen Steuerungsebene auf.

Gut fundierte Grobplanung

Instrumente dafür sind:

- Differenzierte Bedarfsprognosen über die wesentlichen Produkt-/ /Zielkundensegmente, die vom Regional- oder Stammhausvertrieb erstellt werden;

- differenzierte Auskunftssysteme über die wesentlichen Lagerstufen;

- Prognoseverfahren, die auch die Frequenzen der Produktbedarfszeitreihen filtern;

- Optimierungsverfahren, z.B. OR-Modelle der linearen Programmierung

Kundenauftragsbezogene Steuerungsebene

Diese kurzfristig orientierte Ebene übernimmt mittels Tages- evtl. Wochenprogramm die Aufgabe, nur das vorzugeben, was unmittelbar nach dem Wunsch- bzw. Kanntermin terminisierten Auftragsbestandes gebraucht wird. Das Schwergewicht der PPS-Systeme wandert daher von der bisher starken Orientierung der mittelfristigen Planungsfunktion auf eine mehr langfristig orientierte Grobplanung und auf eine sehr kurzfristig orientierte Steuerungsebene (vgl. Scheer 1987, S.85).

4.3.5 Gestaltungsfeld: Qualitätssicherung

Die Verbesserung der Qualität kann signifikante Kostensenkungen bewirken, sie kann, falls über spezifische Produktqualitätsmerkmale eine Einzigartigkeit im Wettbewerbsvergleich aufgebaut wird, zu entscheidenden Wettbewerbsvorteilen führen. Dazu auch ein Zitat eines Senior Executives eines der größten amerikanischen Computerherstellers:

> "Rund 25 % unserer Kosten werden durch schlechte Qualität, wie sie in der einen oder anderen Form in den verschiedensten Teilen des Unternehmens auftritt, verursacht."

Oder ein Geschäftsbereich von Hewlett Packard in den USA schätzt, daß durch ein neu konzipiertes Qualitätssicherungsprogramm, durch das die herkömmliche "defect-and-fix" Methode ersetzt wird, die Vorratshaltung um 66 % und die Fertigungsflächen um 25 % reduziert werden können" (vgl. Luchs, Neubauer, Qualitätsmanagement - Wettbewerbsvorsprung durch Differenzierung, 1986, S.5).

Daß sich ein hoher Qualitätsstandard im Durchschnitt lohnt, wird durch folgende Ausführung belegt:

Im PIMS- (Profit Impact of Market Strategy) Programm des Strategic Planning Institute (SPI) wurde eine klare positive Korrelation zwischen relativer Produktqualität und ROI (Return on Investment - Kapitalverzinsung) und ROS (Return on Sales - Umsatzrendite) festgestellt (vgl. Abb. 4.3.5-1).

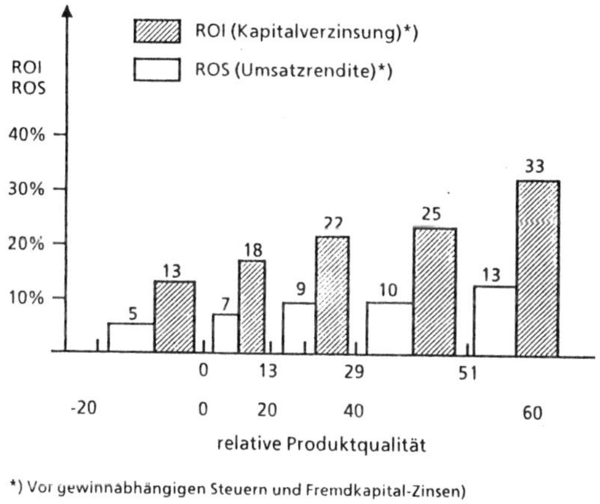

Abb. 4.5.3-1: Einfluß der Produktqualität auf den Unternehmenserfolg (Quelle: Luchs, Neubauer 1986, S. 18)

Die Basis hierfür bilden ca. 3000 strategische Geschäftseinheiten von Mitgliedsfirmen aus allen Branchen. Unter der relativen Produktqualität wird die Qualität des eigenen Produktes wieder relativ zur Konkurrenz gesehen. Aus der Abb. 4.3.5-1 sollte man jedoch auf keinen Fall den Schluß ziehen, daß man einen hohen ROI nur mit einer hohen Produktqualität erzielen kann; das würde der Erfahrung widersprechen. Es gibt durchaus Geschäftseinheiten, die auch bei niedriger Qualität gute Kapitalverzinsung bringen; die Chancen, daß so etwas erreicht wird, ist jedoch im Durchschnitt deutlich geringer als im Falle hoher Produktqualität.

Die strategische Bedeutung der Produktqualität läßt sich gut mit der folgenden Aussage von John F. Welch, Chairman von General Electric, ausdrücken:

> "Qualität sichert uns am besten die Kundentreue, ist unsere stärkste Verteidigung gegen ausländische Wettbewerber und der einzige Weg zu anhaltendem Wachstum und Gewinn". (Quelle: Business Week, Nov.1, 1982).

Bei GE hatte eine Studiengruppe die Aufgabe, herauszufinden, wie und in welcher Form Qualität als Wettbewerbsfaktor aufgenommen und wie sie von GE intern definiert wird:

Es stellte sich heraus, daß die Geschäftsbereiche von GE mit einem vergleichsweise schlechten Qualitätsimage im Markt

- den Blickwinkel des Kunden vernachlässigen,
- hohe Qualität als ein Synonym für enge Toleranzen in der Fertigung ansehen,
- Qualitätsstandards nur auf die Fertigung beschränken,
- Qualitätsziele als Ausschußquoten definieren und
- institutionalisierte Qualitätskontrollsysteme nur für die Fertigung einrichten.

Dagegen stellt sich in der gleichen Untersuchung heraus, daß die Geschäftsbereiche, welche vom Markt für ihre Qualität belobigt wurden,

- wirkliche und nicht imaginäre Kundenerwartungen berücksichtigen,
- diese Erwartungen durch Marktforschung identifizieren,
- daraus entwickelte kundenbezogene Qualitätsstandards benutzen und
- Qualitätsstandards sowie -kontrollsysteme für alle Funktionsbereiche des Unternehmens einrichten (nicht nur für die Fertigung) (vgl. Luchs, Neubauer 1986, S.12).

Obwohl, wie bisher ausgeführt wurde, eine hohe Produkt- und Prozeßqualität einen wesentlichen Einfluß auf die Wettbewerbsposition haben, wird die CAQ-Komponente oft nicht mit hoher Priorität im Rahmen der CIM-Systeme eingeführt.

Generell hängt die Gestaltung der CAQ-Komponente wieder von der Geschäftsstrategie ab:

Bei einer Differenzierungsstrategie geht man von der Kundennutzen-Betrachtung aus. Dabei stehen kundenbezogene Qualitätsbegriffe im Vordergrund.
Man kann dies als eine Value-based-Strategie bezeichnen, bei der durch eine höhere Qualität, die vom Kunden wahrgenommen wird, ein höherer Preis verlangt werden kann. Durch ein sehr günstiges Preis/ Nutzen-Verhältnis, d.h. relativer Preis zur relativen Produktqualität (beide Erfolgsfaktoren werden wieder relativ

zur Konkurrenz gesehen), können größere Umsätze, damit höhere Marktanteile und über die stärkere relative Wettbewerbsposition wieder bessere Renditen erzielt werden (vgl. Abb. 4.3.5–2).

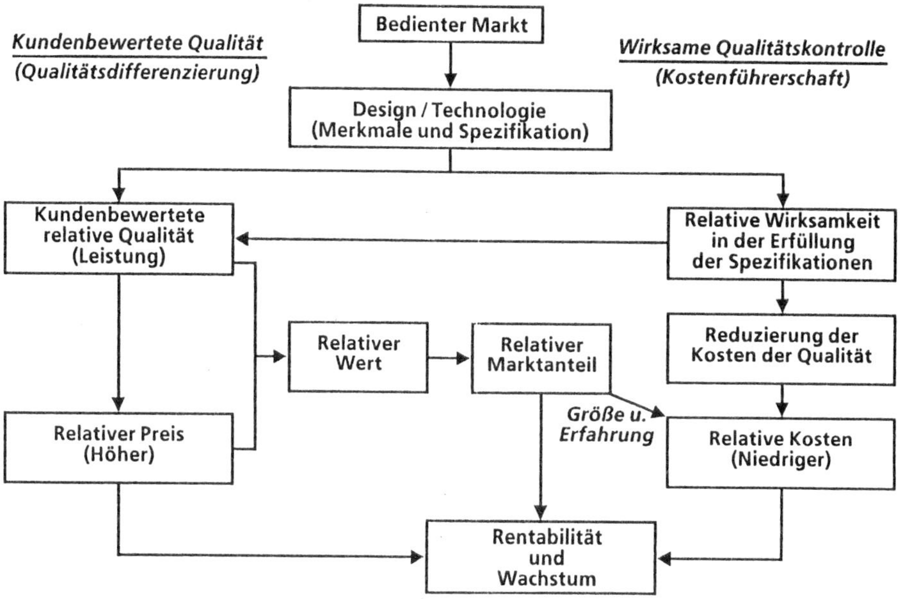

Abb. 4.3.5–2: Unterschiedlicher Qualitätsfokus in Abhängigkeit von der Geschäftsstrategie (Quelle: Meyer 1987, S. 120)

Bei der Kostenführerschaftstrategie wird hingegen noch stärker die Prozeßqualitätskontrolle forciert. Es wird versucht, durch Ausschußminimierung und Ausbeutemaximierung die Kosten möglichst niedrig zu halten. In diesem Zusammenhang muß man wiederum die mit der Qualitätssicherung in Verbindung stehenden Gesamtkosten sehen, wobei gerade bei der Kostenführerschaftstrategie auf jeden Fall ein Qualitätskostenminimum, bestehend aus Fehler– und Ausfallkosten, Prüf– und Fehlerverhütungskosten angestrebt wird (vgl. Abb. 4.3.5–3).

Gestaltungselemente der Qualitätssicherung (QS)

Auf drei wesentliche Gestaltungselemente der Qualitätssicherung, unter der das Planen und Beherrschen der Produkt– und Prozeßqualität verstanden wird, wird im folgenden kurz eingegangen. Diese Elemente können wirkungsvoll nur mit einer Computerunterstützung eingesetzt werden (vgl. Abb. 4.3.5–4):

- **Funktionsbereichübergreifendes QS–Programm**

Eine umfassende Qualitätssicherung ist nicht nur Aufgabe des Funktionsbereichs Fertigung, sondern es ist eine Aufgabe des gesamten Unternehmens. Die CAQ–

Tätigkeiten müssen jeweils als integraler Bestandteil über alle Funktionsbereiche gesehen werden (vgl. Abb. 4.3.5–5).

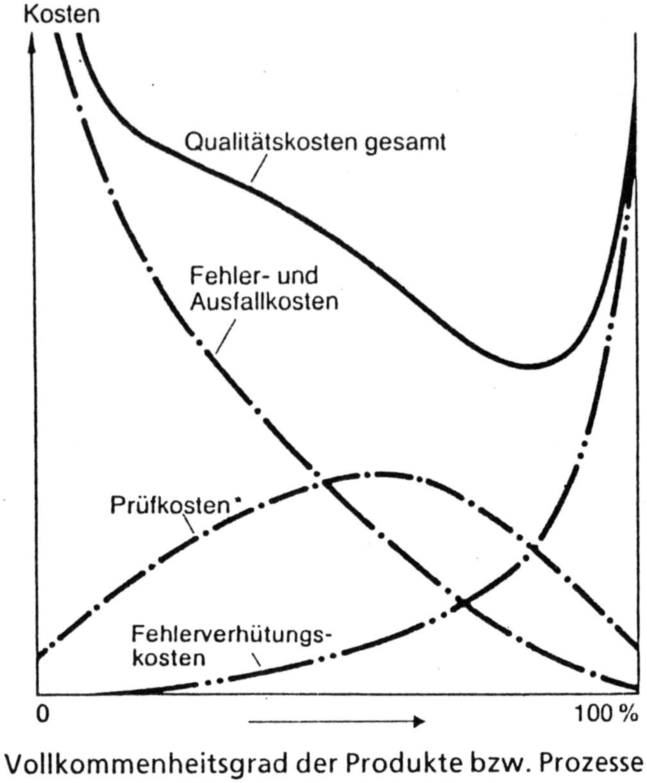

Abb. 4.3.5–3: **Qualitätskostenelemente in Abhängigkeit vom Vollkommenheitsgrad eines Produktes**

- Funktionsübergreifendes QS-Programm
- QS-Programm über den gesamten Produktlebenszyklus
- QS durch statistische Prozeßregelung

Abb. 4.3.5–4: **Gestaltungsfeld: Qualitätssicherung**

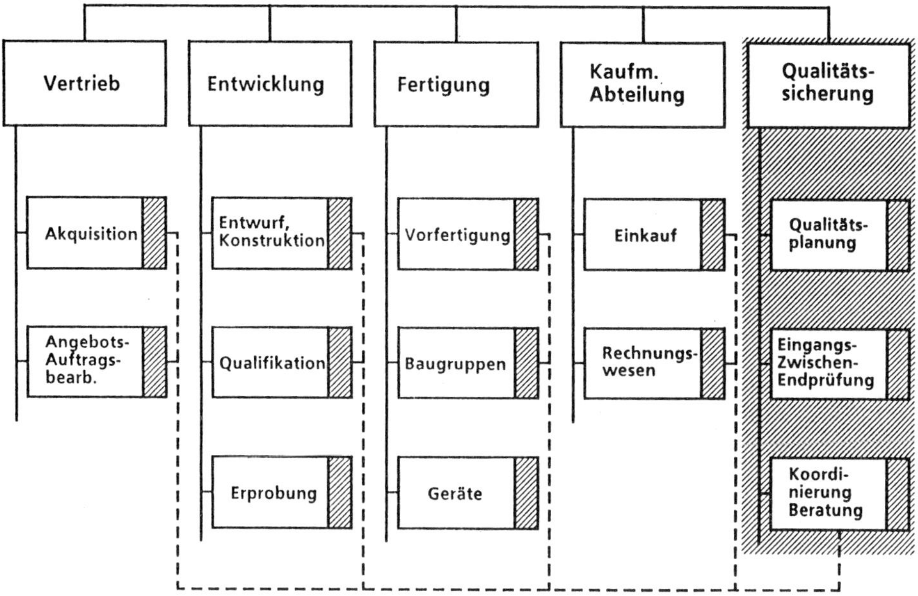

Abb. 4.3.5-5: Umfassende Qualitätssicherung (CAQ-Tätigkeiten) in allen Funktionsbereichen des Unternehmens (Quelle: Siemens AG)

• QS-Programm über den gesamten Produktlebenszyklus

Darunter wird eine durchgehende, produktbezogene Qualitätssicherung mit der entsprechenden Berichterstattung über den gesamten Produktlebenszyklus verstanden (vgl. Abb. 4.3.5-6).

• Qualitätssicherung durch statistische Prozeßregelung

Ziel hierbei ist die systematische Reduzierung der Prozeßvariabilität, die z.B. durch den Verschleiß von Werkzeugen, Maschinenschwingungen usw. entsteht. Dies schließt ein, daß ein Produktionsprozeß vor Einsatzbeginn auf seine Fähigkeit zur Erzeugung eines geforderten Qualitätsniveaus überprüft und während der Produktion in regelmäßigen Abständen überwacht werden muß. Dieser QS-Schritt baut auf den Methoden der statistischen Prozeßregelung (SPC = Statistical Process Control) auf. Als strategisch relevant muß die Qualitätssicherung durch die statistische Prozeßregelung mit der Selbstprüfung durch den Bediener eingestuft werden, s. a. Abb. 4.3.5-7. Innerhalb eines großen Regelkreiskonzeptes werden eine Prozeßbewertung im Rahmen der Maschinen- und Prozeßfähigkeit, eine gezielte Schwachstellenanalyse, eine Prozeßverbesserung mit Hilfe der statistischen Toleranzanalyse und/oder einer statistische Versuchsplanung und Auswertung angestrebt.

Die statistische Prozeßkontrolle ist wesentlich, weil sie zum einen von Lieferanten, wie in der Automobilindustrie, schon gefordert wird, und zum anderen, weil der Trend zu komplexen Prozessen mit vielen Einflußparametern und attributiven Merkmalen mit schwierig zu beurteilenden Fehlermechanismen und zu immer kleiner werdenden Toleranzen führt, der nur mehr mit statistischen Methoden, welche auch einer starken DV–Unterstützung bedürfen, geregelt werden können. Dieser Trend muß bei einer CAQ–Konzeption Berücksichtigung finden, denn ein intensiver SPC–Einsatz kann noch zu wesentlichen Wettbewerbsvorteilen führen.

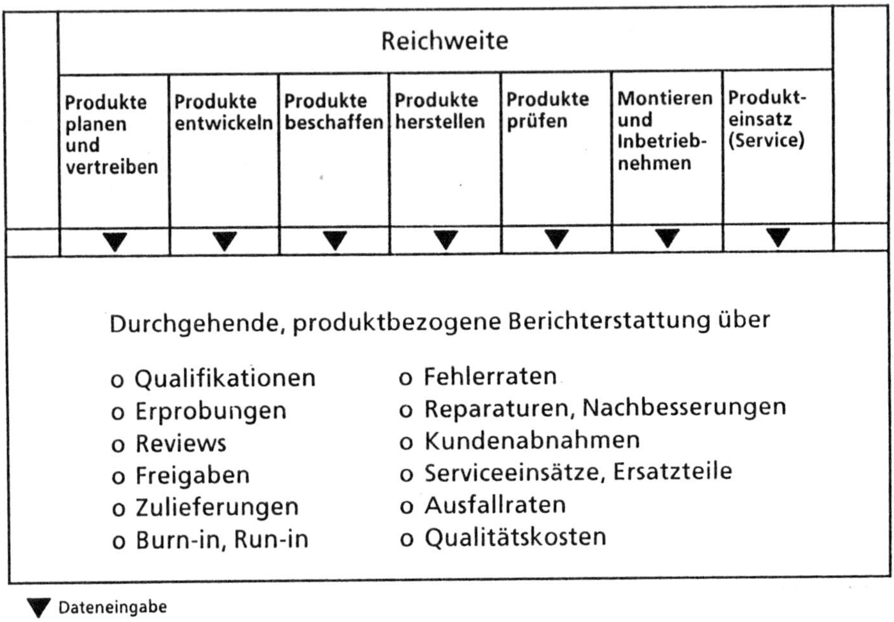

Abb. 4.3.5–6: Durchgehende, produktbezogene QS–Berichterstattung (Quelle: Siemens AG)

4.3.6 Gestaltungsfeld: Marketing und andere büronahe Funktionen

Aufgabe der CIM/CAI–Strategieplanung ist es auch, für eine konkrete Anwendungssituation ein Funktionsmodell zu definieren, um damit die Basis zu schaffen, welche CAx–Komponenten mit welcher Priorität eingesetzt werden sollen. Dieses Funktionsmodell muß zukünftige wichtige Trends berücksichtigen und dabei auf den strategisch relevanten Funktionen/Prozessen aufbauen. Neben den bisher angeführten Funktionsbereichen:

- Produktentwicklung (FuE)

- Fertigung

- Logistik und

- Qualitätssicherung

gibt es noch viele andere Funktionen, die im Rahmen einer bestimmten Wettbewerbs- und Ausgangskonstellation zu Wettbewerbsvorteilen führen können, und die einer entsprechenden DV-Unterstützung bedürfen. Diese können beispielsweise die CAO-Funktionen sein, d.h. Funktionen zur organisatorischen Planung, Steuerung und Überwachung der büronahen Aufgaben des Unternehmens (vgl. Abb. 4.3.6-1).

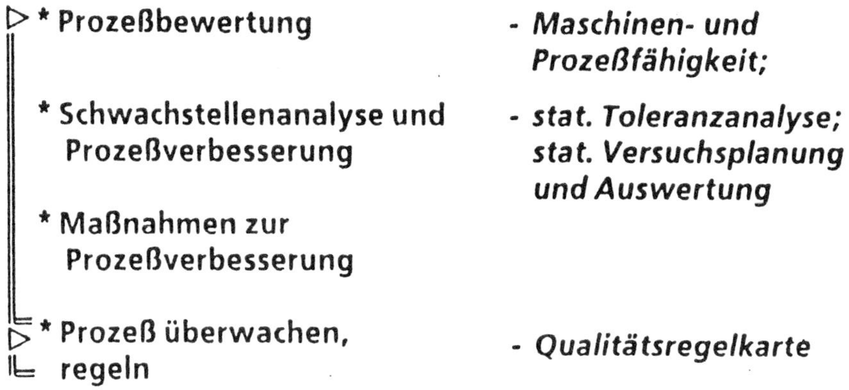

Abb. 4.3.5-7: Regelkreise zur statistischen Prozeßkontrolle (Quelle: Siemens AG, ZPL 1 QA 1)

Im Marketing zeichnet sich verstärkt der Trend zum Key-Account-Management ab. Ziel dieser Marktbearbeitung ist es, bei ausgewählten Kunden die Position des alleinigen bzw. bevorzugten Lieferanten einzunehmen. Die dadurch erforderlichen engen Informationsbeziehungen müssen sich über alle Hierarchieebenen, Funktionen und Geschäftseinheiten der betreffenden Firmen erstrecken. Eine wesentliche Voraussetzung ist, daß der Informationsaustausch für viele Routinefragen automatisch erfolgen muß. Solche marktentscheidende Trends sollten, falls diese bewußt in die eigene Marketingstrategie einbezogen werden, in der CAO-Konzeption ihren Niederschlag finden.

4.3.7 Gestaltungsfeld: Organisation

Das Integrationskonzept von CIM/CAI-Systemen muß durch eine angepaßte Organisationsstruktur unterstützt werden. Die wesentlichen Gestaltungselemente sind (vgl. Abb. 4.3.7-1):

Marketing

- **Marktplanung**
  - Marktforschung
  - Produktbedarf
  - Bedarfsprognose
  - Verkaufsanalyse
- **Verkaufsleitung**
  - Verkaufsstatistiken
  - Kundenverwaltung
  - Kundenbezirksverwaltung
- **Markenbetreuung**
  - Produktanforderungen
  - Kostenschätzungen
  - Angebote
- **Verkaufsunterstützende Literatur**
  - Kataloge
  - Listen
- **Produktunterstützung**
  - Kundendienststeuerung
  - Produktergebnisverfolgung
  - Ersatzteilplanung
  - Qualitätsanalyse

Verwaltung, Administration

- **Personalinformationssystem**
- **Personalabrechnung**
- **Anlagenverwaltung**
- **Öffentlichkeitsarbeit**

Finanzwesen

- **Finanzplanung und -kontrolle**
  - Budgeterstellung
  - Preisstellung
  - Risikoplanung
- **Finanzbuchhaltung**
  - Allgemeine Buchhaltung
  - Kreditoren-Debitorenbuchhaltung
  - Lohn/Gehalt
  - Gewinn- und Verlustrechnung
  - Bilanzierung
- **Kostenwesen und -kontrolle**
  - Kostenplanung und Kontrolle
  - Auftrags-, Produkt, Projektbewertung
  - Vermögensverwaltung
  - Gelddisposition, Kreditverwaltung

Unternehmensplanung

- **Finanzplanung**
  - Finanzielle Ressourcen
  - Investitionskapital
  - Ausgabenplanung
- **Personalplanung**
  - Personalbedarf
  - Organisationsplanung
- **Marketing-Planung**
  - Markt- und Ressourcenbedarf
  - Marktanalyse
- **Entwicklungsplanung**

Abb. 4.3.6–1: Marketing und andere CAO–Funktionen

● Aufbau- und Ablauforganisation

Abb. 4.3.7–1: Gestaltungsfeld: Organisation

● Aufbau- und Ablauforganisation

Im Rahmen der produktorientierten Fertigungssegmente, bei denen eine hohe funktionale Integration erzielt werden soll, muß auch die Aufbauorganisation entsprechend angepaßt sein: Z.B. bei der Anwendung des Konzeptes der kleinen Einheiten - Fabrik in der Fabrik, Werk im Werk - hat es sich als sehr sinnvoll erwiesen, aus den vorhandenen funktionalen Org–Einheiten die Supportfunktionen herauszulösen und in das Fertigungssegment zu integrieren, so daß dieses Segment einen eigenständigen Verantwortungsbereich einnehmen kann. Ein Beispiel dazu wird in der Abb. 4.3.7–2 dargestellt: Hierbei werden die Funktionen aus

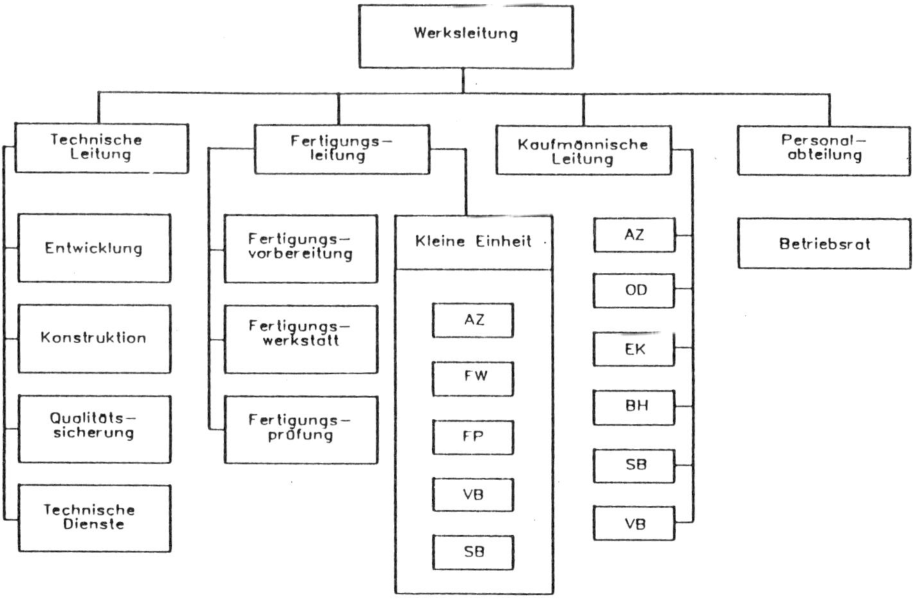

Abb. 4.3.7–2: Aufbauorganisation bei der produktorientierten Fertigungssegmentstruktur: Konzept der kleinen Einheit

- dem Auftragszentrum (AZ), und zwar die Lieferplanung, Disposition, Steuerung und Auftragsbearbeitung,
- aus den Fertigungswerkstätten (FW) die Baugruppen und Geräteendmontage,
- aus der Fertigungsprüfung (FP) die Wareneingangsprüfung und Prüffelder,
- aus dem Versandbüro (VB) die Verpackung, der Transport und der Versand und
- aus dem Selbstkostenbüro (SB) die Kalkulation und Abrechnung, in

das Fertigungssegment integriert.

Während die Aufbauorganisation im Schwerpunkt nach produktorientierten Fertigungssegmenten erfolgen sollte, muß die Ablauforganisation prozeßbezogen gestaltet sein.

4.3.8 Gestaltungsfeld: Informationssystem

Die Bedeutung des Produktionsfaktors Information wird dadurch ersichtlich, daß heute bereits bis zu 75% der Belegschaft nichts mehr mit der Be- und Verarbeitung von Material im physischen Sinne zu tun hat, sondern Tätigkeiten ausführt, die sich mit Erfassen, Verarbeiten, Speichern und Übertragen von Daten und Informationen sowie Entscheidungen vorbereiten und treffen, umschreiben lassen. Auf dem Weg zur Fabrik von morgen wird das Datenvolumen nicht abnehmen sondern wachsen (vgl. Eidenmüller, Die Produktion als Wettbewerbsfaktor, 1989, S.172).

Der heutige Stand der Informationsversorgung ist häufig gekennzeichnet durch eine schlechte Verfügbarkeit wichtiger Informationen an den entscheidenden Stellen und gleichzeitig durch eine Flut von Daten, die eine Beschleunigung des Informationsprozesses eher behindern als fördern. Der Grund hierfür liegt zum Teil in der, durch den Einsatz von Zentralrechnern geprägten starken organisatorischen Zentralisierung mit ihren Begleiterscheinungen, wie aufwendige Überwachungsfunktionen, Informationsmonopole, Bringprinzip statt Bedarfsorientierung bei Informationen und starren Ablaufzyklen.

Eine Folge ist, daß DV–gestützte Lenkungs- und Abwicklungssysteme heute oft einen Komplexitätsgrad erreicht haben, der eine sichere Handhabung der Systeme ebenso wenig erlaubt, wie eine problemlose Erweiterung oder Veränderung. Überdies ist es für den Benutzer meist nicht mehr möglich, Kausalzusammenhänge zwischen Input und Output zu erkennen.

Eine weitere Ursache ist die große Anzahl von DV–technischen und organisatorischen Schnittstellen, die sich auf die Verfügbarkeit der Informationen negativ auswirken. Die Ist–Situation wird durch die weitverbreitete Ansicht, daß Informationsprobleme DV–Probleme seien und daß Probleme einfach durch mehr Information zu lösen sind, geprägt (vgl. Abb. 4.3.8–1).

- Häufig schwer überschaubare und schwer zu ändernde Verfahrenslandschaft
- Teurer und schwerfälliger Verwaltungsapparat

- Weit verbreitete Ansicht: Informationsprobleme sind DV-Probleme
- Weit verbreitete Ansicht: Probleme sind durch "mehr Information" zu lösen
- Weit verbreitete Neigung: Probleme verwalten statt sie zu lösen

- Keine Kostenart "Informationskosten"
- Kein Kostenbewußtsein hinsichtlich Information
- Keine Kosten-/ Leistungsprüfung bei Informationssystemen

Datenflut bei gleichzeitigem Informationsdefizit

Abb. 4.3.8–1: Charakteristik des heutigen Standes der Informationsversorgung

Der relativ geringe Durchdringungsgrad wirtschaftlicher Betrachtung des Faktors Information kommt im Fehlen der Kostenart: Informationskosten zum Ausdruck.

Abgeleitet aus der kurzen Situationscharakterisierung werden folgende Elemente für das Gestaltungsfeld Informationssystem vorgeschlagen (vgl. Abb. 4.3.8–2).

- CIM/CAI-Funktionsmodell
  - Informationslogistik

- DV-Grundstruktur
  - Dezentralisierung und Hierarchisierung der Funktionalität
  - zentrale und dezentrale Datenhaltung
  - Datenkommunikation

- CIM/CAI-Systemarchitekturmodell

Abb. 4.3.8–2: Gestaltungsfeld: Informationssystem

• **CIM/CAI–Funktionsmodell**

In den Abschnitten 4.3.1 bis 4.3.7 wurde dargestellt,

- wie Geschäftsstrategien in Funktionsstrategien übergeführt werden,

- welche Funktionen, Gestaltungselemente, Prozesse in den Funktionsbereichen besonders strategisch relevant sein können (dies muß natürlich jeweils für den konkreten Anwendungsfall definiert werden) und

- welche Voraussetzungen struktureller, funktionaler und organisatorischer Art notwendig sind, um die Komplexität zu reduzieren bzw. die Komplexität zu beherrschen.

Bei der Gestaltung der strategisch relevanten Elemente muß die Blickrichtung im wesentlichen auf das zukünftige Geschäft gerichtet sein. Damit wird vermieden, daß "nur" die zur Zeit bestehenden Funktionen und Abläufe in ein CIM/CAI–System eingebunden werden. In dem Gestaltungselement CIM/CAI–Funktionsmodell müssen im Gesamtzusammenhang aber auch Funktionen innerhalb der CAx–Komponenten definiert werden, die notwendig sind, die erforderliche informationstechnische Datendurchgängigkeit zu erreichen und die stärker die Zwänge der vorhandenen Ausgangssituation bzw. einer kurzfristigen Zielorientierung abdekken. Es muß durch dieses Modell soweit wie möglich sichergestellt werden, daß sowohl kurzfristig Wettbewerbserfolge realisiert werden können, aber auch der Weg zu den wahrscheinlich zukünftig strategisch relevanten Funktionen beschreitbar bleibt. Im Rahmen der Funktionszuordnung zu den CAx–Komponenten und zu möglichst autonomen Subsystemen innerhalb der CAx–Komponenten soll sichergestellt werden, daß nicht ein Supersystem - wie es in den 70er Jahren oft bei den Konzepten der Management–Informationssysteme der Fall war - definiert wird, sondern ein flexibel erweiterbares System aufgebaut wird, welches aus autonomen Subsystemen mit klar definierten Schnittstellen besteht. Ein Beispiel für die PPS–Komponente wird in der Abbildung 4.8.3–3 dargestellt.

Detaillierte Informationen über Einzelfunktionen, Schnittstellen und Dateninhalte werden sehr übersichtlich in dem Buch: CIM–Basisbetrachtungen, Herausgeber: Siemens AG, Produktionsautomatisierung und Automatisierungssysteme, Berlin und München, 1988, beschrieben. Diese Informationen sind besonders bei der CAx–Einzelprojektplanung wichtig. Im Rahmen der CIM/CAI–Strategieplanung sollte die Detaillierung soweit angestrebt werden, daß eine Grobkonzeption der CIM/ CAI–Systemarchitektur möglich ist und daß damit auch der entsprechende Aufwand abgeschätzt werden kann.

Bei der Strukturierung der Informationsflüsse des CIM/CAI–Funktionsmodells ist die Anwendung des logistischen Prinzips der Informationswirtschaft notwendig, welche folgende Merkmale aufweist (vgl. Abb. 4.3.8–4)(vgl. Augustin 1990):

• **DV–Grundstruktur**

Um den DV–Aufwand eines CIM/CAI–Systems besser abschätzen zu können, müssen Konzepte bezüglich der DV–Grundstrukturen mitbetrachtet werden (vgl. Siemens AG, E877, 1988):

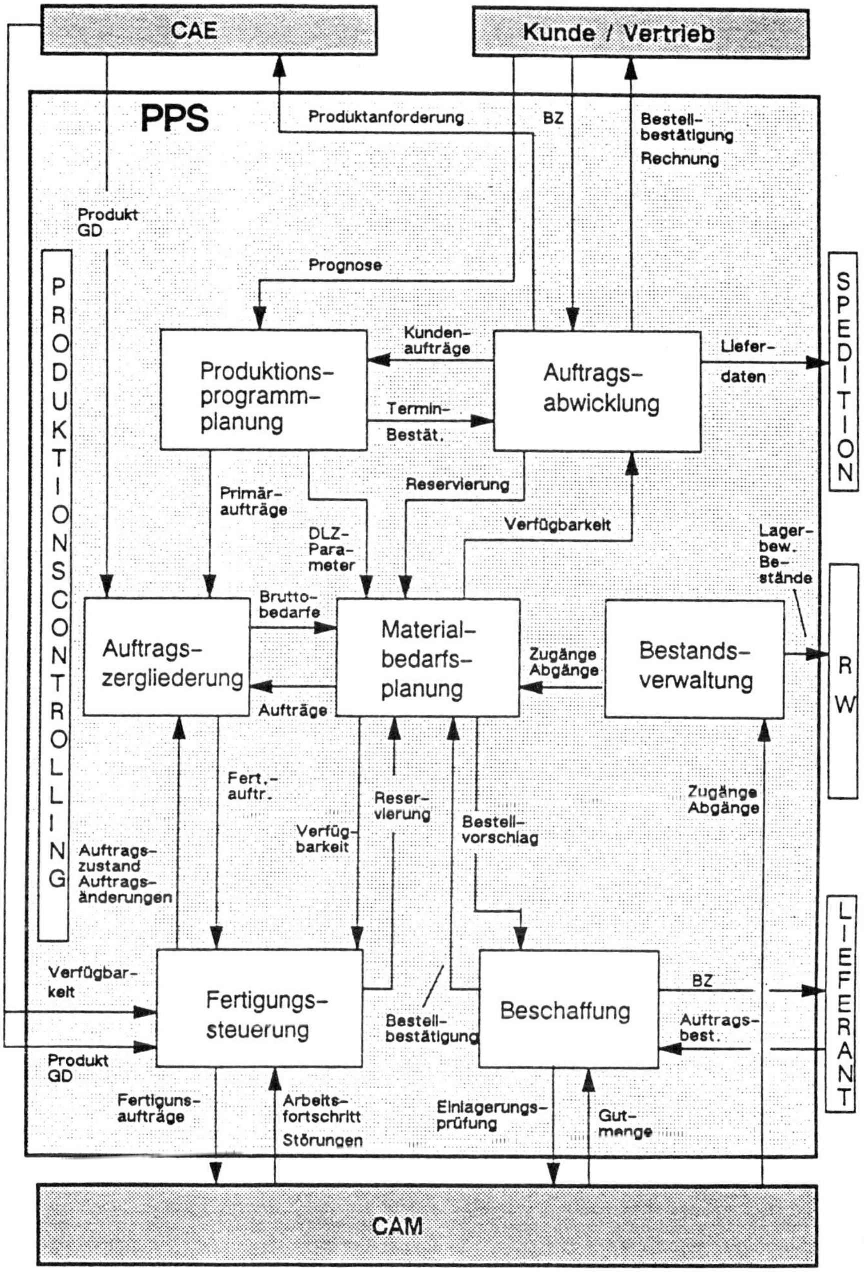

Abb. 4.8.3-3: Funktionszuordnung, Subsysteme der PPS-Komponente und entsprechende Schnittstellen (Quelle: Siemens AG 1989)

Die richtige Information: ...	**vom Empfänger verstanden und benötigt**
zum richtigen Zeitpunkt: ...	**für die Fällung von Entscheidungen ausreichend**
in der richtigen Menge: ...	**"so viel wie nötig, so wenig wie möglich"**
am richtigen Ort: ...	**beim Empfänger verfügbar**
in der erforderlichen Qualität: ...	**ausreichend detailliert und wahr, unmittelbar verwendbar**

Abb. 4.3.8–4: Logistisches Prinzip in der Informationswirtschaft

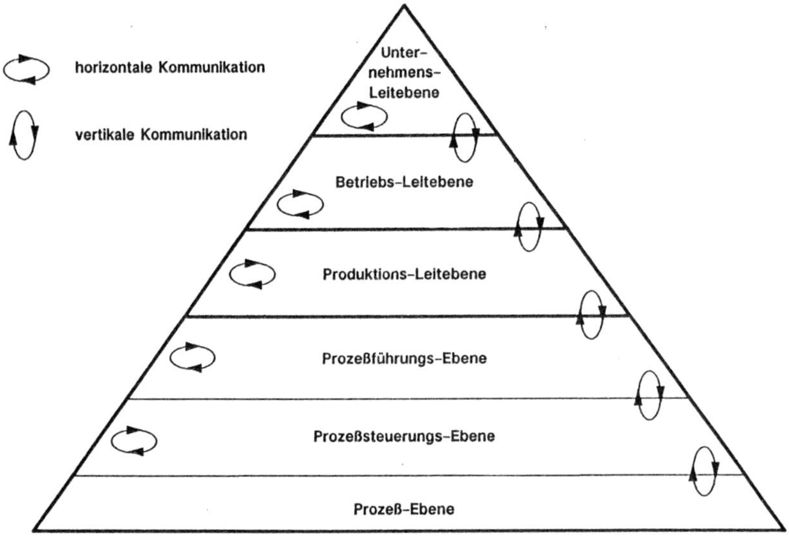

Abb. 4.3.8–5: Hierarchieebene eines Industrieunternehmens

- Dezentralisierung und Hierarchisierung der Funktionalität

Hierarchische Automatisierungskonzepte haben im allgemeinen die in Abb. 4.3.8–5 dargestellte Struktur.

Die drei Leitebenen

- Unternehmensleitebene

- Betriebsleitebene

- Produktionsleitebene

bilden die Spitze der Unternehmenshierarchie. Der Prozeßbereich, der sich unterhalb der Produktionsleitebene angliedert, kann wiederum in drei Ebenen unterteilt werden:

- Prozeßführungsebene

- Prozeßsteuerungsebene

- Prozeßebene.

Jede Ebene stellt besondere Anforderungen an die Informationsverarbeitung. Charakteristisch für diese Hierarchie ist, daß die Daten der unteren Ebenen (hohe Zahl von Einzelinformationen) verdichtet werden und in dieser Form an die nächst höhere Ebene, evtl. bis hin zur Unternehmensleitebene weitergegeben werden. Umgekehrt werden Informationen aus den höheren Ebenen als Vorgaben den unteren Ebenen weitergegeben und dort durch spezifische Daten ergänzt. So werden z.B. vom CAD-System Geometriedaten an das CAP-System gegeben, dort um Technologiedaten ergänzt, um daraus NC-Programme zu generieren. Durch die vertikale Integration von beispielsweise CAD/CAP/CAM oder PPS/CAM - werden hierarchisch, aber auch möglicherweise zeitlich ungleichartige Systeme miteinander verbunden.

Neben diesem vertikalen Informationsfluß existiert auch ein horizontaler insbesondere auf der Betriebsleitebene. Hier werden Informationen zwischen miteinander in Verbindung stehenden Teilbetrieben ausgetauscht. Als typisches Beispiel sind Arbeitsaufträge an externe Betriebe oder die Verknüpfung von CAQ-Verfahren der eigenen Unternehmung mit denen der Lieferanten zu nennen. Horizontaler Informationsfluß findet aber auch in der Prozeßleitebene statt. Die mobile Datenhaltung, vgl. zweites Siemens-internes Fallbeispiel in Abschnitt 2.3, ermöglicht, daß Werkstück- und Werkzeugdaten direkt mit dem Material weitergegeben werden. Hierdurch kann das Kommunikationsnetz erheblich entlastet werden.

Je nach Größe, Struktur und Organisation der Unternehmung variieren die Funktionen und Verantwortlichkeiten der Ebenen. Allgemein lassen sich die Funktionen der Ebenen wie folgt beschreiben:

Unternehmensleitebene: In Abhängigkeit von der Unternehmensstruktur werden auf der Unternehmensleitebene externe und interne Kommunikationen durchgeführt. Üblicherweise müssen auf dieser Ebene große Mengen betriebswirtschaftlicher und firmenpolitischer Daten zwischen verschiedenen Unternehmenszweigen, sowie aus Verwaltung und Planung, übertragen werden. Dabei wird ein sehr hoher Datendurchsatz gefordert, die Reaktionszeit fällt weniger ins Gewicht.

Betriebsleitebene: Das Kommunikationssystem dieser Ebene verbindet beispielsweise die Abteilungen innerhalb der Fabrik und diese können sich über mehrere Hallen oder Betriebe erstrecken.

Produktionsleitebene: In der Produktionsleitebene (Werkstattebene) findet die Lenkung verschiedener Produktionseinheiten wie Vorfertigung, Montage und Prüffeld statt. Hierzu gehören die Feinplanung, Vorbereitung und Einlastung der Produktionsaufträge auf einzelne Zellen.

Prozeßführungsebene: Hier geht es um die Zusammenfassung von Bearbeitungsmaschinen, Robotern und Transporteinrichtungen zu weitgehend autark arbeitenden Fertigungszellen (Zellebene). Da die Kommunikation zwischen einzelnen Zellen und die Synchronisation mit den Transportsystemen über den Leitrechner stattfindet, muß die Reaktionszeit sehr kurz sein und darf sich nicht in unvertretbarer Weise mit steigender Belastung des Kommunikationsnetzes verlängern.

Prozeßsteuerungsebene: Neben der Überwachung und Datenerfassung ist hier die gegenseitige Synchronisation von Maschinen eine der Hauptaufgaben. Autarke Regelungs- und Steuerungsaufgaben für Teilprozesse, Maschinen, Transporteinrichtungen und Roboter werden ausgeführt.

Prozeßebene: Diese bildet die Schnittstelle zwischen Elektronik und Mechanik. Hier werden die Steuerbefehle in Bewegungen von Fertigungsmaschinen und Transportsystemen umgesetzt. Umgekehrt werden Bewegungen, Kräfte, Muster etc. über Sensoren erfaßt. Sie dienen als Rückmeldung für die Steuerungsebene. Typische Aktoren sind Antriebe, Ventile usw.

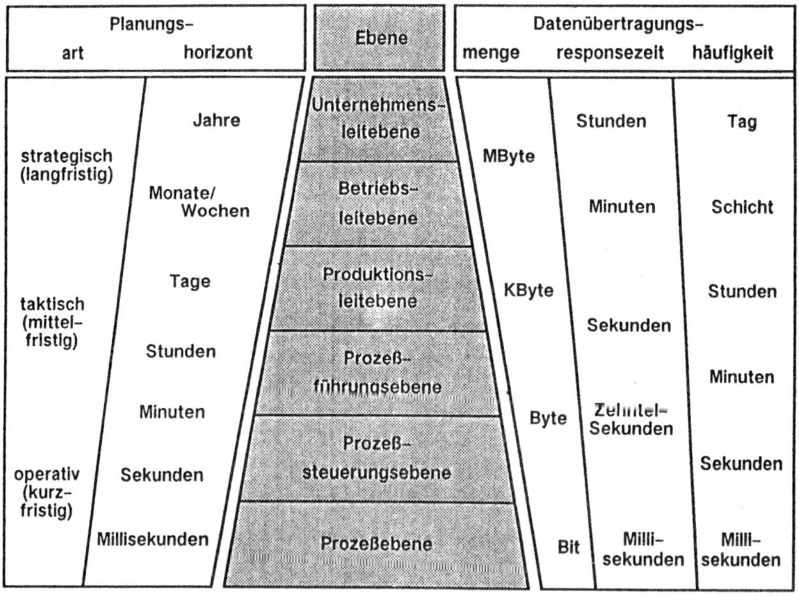

Abb. 4.3.8–6: Hierarchieebenen in der Datenverarbeitung

Jede Hierarchieebene verarbeitet vorwiegend die ihr zugeordneten Daten. Die Daten werden in reduzierter und verdichteter Form an die darüberliegenden Ebenen weitergegeben. Der vertikale Informationsfluß stellt somit je nach Hierarchieebene andere Ansprüche an die jeweiligen Kommunikationsparameter wie Datentransfermenge, Responsezeit oder Datenübertragungshäufigkeit. Typische Ausprägungen zeigt Abb. 4.3.8–6 in Zusammenhang mit Planungsart und -horizont der entsprechenden Hierarchieebenen.

- Zentrale und dezentrale Datenhaltung

Die zunehmende Dezentralisierung der Funktionalität wird von dem Trend begleitet, auch die Datenhaltung zu dezentralisieren. Begründen läßt sich dieser Trend mit den gleichen Argumenten, also den Forderungen nach Autonomie, Dedizierung und Produktions- bzw. Ausfallsicherheit.

Auch hier liegt die Problematik einmal im Datenaustausch von Systemen mit unterschiedlichem Datenaufbau. Hinzu kommt, daß bei dezentraler (lokaler) Datenhaltung Datenredundanz entsteht, die zu inkonsistetem Datenbestand führen kann.

Möglichkeiten der Datenhaltung (vgl. Abb. 4.3.8–7):

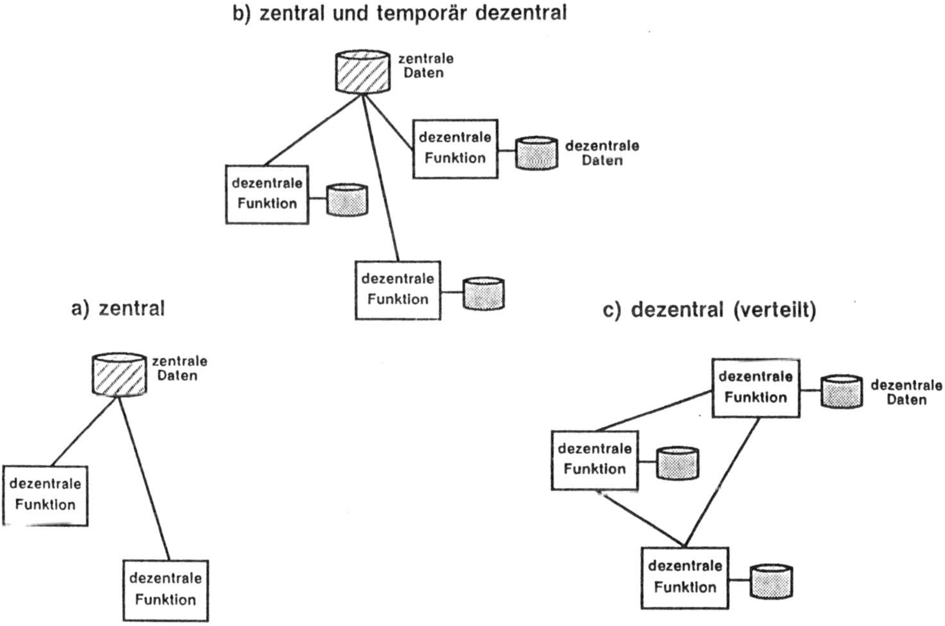

Abb. 4.3.8–7: Möglichkeiten der Datenhaltung (physikalisch)

Die zentrale Datenhaltung vereinfacht die Datenpflege, da sie nur an einer Stelle durchgeführt zu werden braucht. Auf Datenanforderungen verschiedener Bereiche wird dann mit demselben Ausgabestand (Aktualität) geantwortet. Der abfragende

Bereich fordert alle Daten bei der Zentrale an, er benötigt also nur eine Adresse. Das Abfragen und Lesen verschiedener Bereiche kann jedoch nur nacheinander erfolgen, somit gewährleistet diese Struktur keine realtime-gerechten Responsezeiten.

Dieses Problem wird durch die temporär zentrale (lokale) Datenhaltung in getrennten Systemen gelöst. In den lokalen Systemen werden kurzzeitig vor dem Bearbeitungszeitpunkt die benötigten Daten eingelagert, um dann zum Bedarfszeitpunkt direkt verfügbar zu sein. Die Daten werden deshalb nur temporär und nicht langfristig dezentral gehalten, um eine Redundanz zu vermeiden.

Bei der dezentralen Datenhaltung werden die Daten dort gespeichert, wo sie funktional benötigt werden. Externe Daten müssen von den jeweiligen Stellen angefordert werden. Dabei ergibt sich das gleiche Problem wie im ersten Fall, daß ein gleichzeitiger Zugriff nicht möglich ist. Daten, die an mehreren Stellen oft und schnell benötigt werden, müssen also an mehreren Stellen gehalten werden. Falls diese redundanten Daten nicht gleichzeitig aktualisiert werden, entsteht Inkonsistenz.

Den hohen Anforderungen vieler Aufgaben, insbesondere der dezentralisierten Funktionalität im CAM-Bereich, wird die zentrale Datenhaltung nicht gerecht. In vielen Fällen sind dezentrale Daten erforderlich, die durch ein entsprechendes Datenmanagementsystem verwaltet werden müssen.

Ob Daten zentral oder dezentral gehalten werden, hängt nicht nur von den Entkoppelungsanforderungen für die hohe Produktionssicherheit ab, sondern auch von der Anzahl der Benutzer, von der Häufigkeit lesender und schreibender Zugriffe, sowie den transferierenden Datenmengen.

- Datenkommunikation

Netztopologie-Formen:
Um dezentrale Funktionalitäten auf dezentralen Rechnern miteinander zu verknüpfen, sind Kommunikationen über ein integriertes Netz erforderlich. Dieses Netz muß dabei in seiner Struktur und Leistungsfähigkeit der jeweiligen Anwendung angepaßt werden. In der Praxis werden folgende Strukturformen (Topologien) eingesetzt:

Punkt-zu-Punkt-Verbindungen sind die einfachste Möglichkeit der Vernetzung zweier Rechner.

Ein **vermaschtes Netz** entsteht, wenn aus einer Gruppe von mehr als zwei Rechnern jeweils zwei Systeme auf direktem Weg kommunizieren sollen. Daraus ergibt sich ein hoher Verkabelungsaufwand und progressiv zunehmende Erweiterungskosten (vgl. Abb. 4.3.8-8).

Bei einem **Ring** besitzt jeder Kommunikationspartner genau zwei Schnittstellen, über die er zu weiteren Teilnehmern verbunden ist. Der Nachteil des Ringes ist, daß die Informationen meist über mehrere Stationen weitergegeben werden müssen. Somit belastet jede Kommunikation den Ring und die Kommunikationsanschaltungen der beteiligten Stationen. Ein Ausfall einer beliebigen Anschaltung kann das gesamte System stören.

Die **Sternstruktur** ist eine hierarchisch organisierte Struktur, d.h. einer Zentrale sind in der nächsten Ebene ein oder mehrere Systeme 2. Ordnung untergeordnet, die dann Zentralen für weitere Subsysteme 3. Ordnung sein können. Die Zentralstation muß somit für jedes anzuschließende System eine Schnittstelle besitzen. Die horizontale Kommunikation zwischen zwei Systemen muß über die Zentrale abgewickelt werden, die dadurch zusätzlich belastet wird und in dieser Beziehung einen Engpaß darstellt. Die Sternstruktur ist heute die verbreiteste Kopplungsart in einem hierarchischen Prozeß, da der Verkabelungsaufwand erheblich geringer ist als beim vermaschten Netz.

Die **Busstruktur** ist unabhängig von der hierarchischen Anordnung der Stationen. An einem gemeinsamen Buskabel sind über Abzweigungen die einzelnen Stationen angeschlossen. Damit ist physikalisch die Möglichkeit gegeben, daß jede Station mit jeder kommunizieren kann. Der Verkabelungsaufwand ist gering und der Aufwand für Erweiterung ist linear.

Da alle Kommunikationen der angeschlossenen Stationen über denselben Bus ablaufen, begrenzt der Bus die Anzahl der maximal möglichen Kommunikationen. Welche Station gerade auf den Bus zugreifen darf, wird durch Zugriffsverfahren geregelt.

-Netze- und Netzzugriffsverfahren

Lokale Netze (LAN = Local Area Network) dienen zur Kommunikation zwischen gleichartigen und unterschiedlichen Systemen wie z.B. Rechner, Terminals oder Systeme zum Bedienen und Beobachten. Die Übertragung der Daten erfolgt bitseriell. Die wichtigsten Vorteile der LAN`s sind:

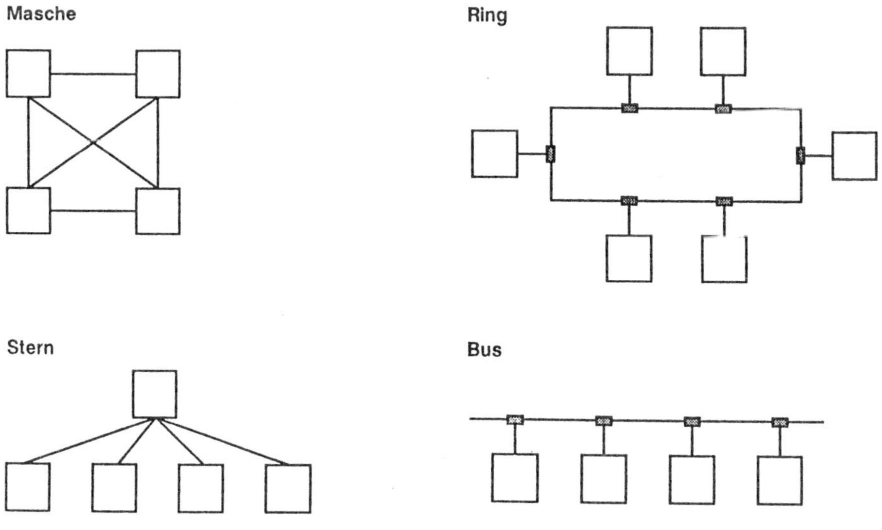

Abb. 4.3.8-8: Netzstrukturen (Topologien)

- Geringer Verkabelungsaufwand;

- beliebiger, gleichberechtigter Verkehr zwischen angeschlossenen Geräten;

- geringer Erweiterungsaufwand.

Lokale Netze haben meist keine zentral gesteuerte Kommunikation, sondern ein demokratisches d.h. dezentrales Zugriffsverfahren. Bei diesem dezentralen Zugriffsverfahren wird zwischen kollisionsbehaftetem (statisch-orientiertem) und kollisionsfreiem (deterministischem) Zugriff auf das Übertragungsmedium unterschieden (vgl. Abb. 4.3.8-9).

Vergleichs-kriterium	Ethernet	Token Bus	Token Ring
Zugriffs-koordination	CSMA / CD Kollisionen werden erkannt und behoben	Zugriffsmarke (Token)	Zugriffsmarke (Token)
Antwortzeit-verhalten	gut bei geringer Last, schlecht bei Überlast	abhängig von der Teilnehmer-anzahl, Maximal-wert angebbar	wie Token Bus, jedoch schneller
Komplexität	gering	mittel	groß
Prioritätsstufen	keine	4	6

Abb. 4.3.8-9: Netzzugriffsverfahren im Vergleich

Kollisionsbehafteter Zugriff (Ethernet)

Dieses Verfahren ist unter der Bezeichnung CSMA/CD (Carrier Sense Multiple Access with Collision Detection) als wahlfreie Zugriffsmethode genormt und unter der Trademark ETHERNET in vielen Produkten implementiert. Die technische Realisierung dieses Verfahrens baut auf zwei Bedingungen auf

- allen Teilnehmern steht nur ein Kanal zur Verfügung: Multiple Accesss und

- jeder Teilnehmer kann zu einer Zeit nur senden oder hören.

Das Ethernet-Verfahren arbeitet mit Koaxialkabeln, die Daten werden im Basisband mit 10 Mbit/s übertragen.

Deterministische Verfahren

Deterministische Verfahren regeln – im Gegensatz zum Kollisionsverfahren – den Zugriff auf das Übertragungsmedium so, daß die Zugriffsverzögerung kalkulierbar ist. Damit sind diese Verfahren echtzeitfähig und z.B. für zeitkritische Regelungsprozesse verwendbar.

Token–Ring
Unter dem Token stelle man sich einen Briefumschlag vor, der von Teilnehmer zu Teilnehmer gereicht wird. Erhält ein Teilnehmer mit Sendebegehren einen leeren Umschlag, darf er ihn adressieren und mit Daten füllen. Die anderen Teilnehmer reichen den Briefumschlag weiter bis zum Empfänger. Dieser kopiert sich den Inhalt und markiert ihn, daß er die Nachricht empfangen hat. Der Absender nimmt den Brief aus dem Umschlag heraus und ersetzt ihn durch einen leeren Briefumschlag, wenn er erkannt hat, daß der Empfänger die Nachricht empfangen hat.

Beim Token–Ring–Verfahren entstehen komplizierte Situationen, wenn z.B. die Adressen verfälscht werden oder der Briefumschlag verloren geht. Es arbeitet deshalb i.a. mit zentraler Steuerung und Überwachung, was zusätzlich den Vorteil hat, daß die Reihenfolge der Teilnehmer willkürlich bestimmt und damit Prioritäten vergeben werden können.

Token–Bus
In einem Token–Bus wird die Sendeberechtigung – der Token – wie beim Token–Ring von Teilnehmer zu Teilnehmer nach verabredeten Regeln in einem Telegramm weitergereicht.

Beim Token–Bus gibt es keine zentrale Instanz für die Zuteilung der Sendeberechtigung. Alle Teilnehmer nehmen an dem Tokenumlauf teil. Der Token–Halter wickelt seine Kommunikationsaufträge ab und gibt den Token weiter. Der Token muß nach einer max. Verweilzeit auch dann weitergegeben werden, wenn der Tokenhalter noch weitere Kommunikationsaufträge vorliegen hat. Durch diese Regelung wird erreicht, daß jeder Teilnehmer spätestens nach einer **garantierten Wartezeit** die Sendeberechtigung erhält.

Der Tokenbus ist für Carrierband- und Breitband-Übertragungstechnik und Datenübertragungsraten von 1,5 Mbit/s und 10 Mbit/s standardisiert. Eine Realisierung mit Lichtwellenleitern (LWL) ist heute noch sehr aufwendig. Bei einer 5 Mbit/s–Version in Carrierbandtechnik auf Koaxialkabel lassen sich Entfernungen bis 2000 m verstärkungsfrei überbrücken. An einem Segment können bis zu 100 Teilnehmer angeschlossen werden. Anwendungsschwerpunkt des Token–Bus ist die Fertigungs- und Prozeßautomatisierung.

- Zusammensetzen des Strategiekonzeptes und Bewerten auf Zielerreichung

- Aufwand-/Nutzenabschätzung

- Definieren des CIM/CAI-Einführungsplanes
  - Priorisierung der CAx-Komponenten
  - Begleitende Aktionen:
    - Anpassung der Organisationsstruktur
    - Gezielte Aus- und Weiterbildungsmaßnahmen

Abb. 4.4–1: Ermitteln der Planungsausgangsgrößen: Einzelschritte

4.4 Ermitteln der Planungsausgangsgrößen: Strategiekonzept mit dem CIM/CAI–Rahmenplan

Dieser letzte Schritt gliedert sich in folgende Unterpunkte (vgl. Abb. 4.4–1).

• Zusammensetzen des Strategiekonzeptes und Bewerten auf Zielerreichung

Das Strategiekonzept wird nun aus den in den Abschnitten 4.3.1 bis 4.3.8 beispielhaft angeführten Elementen der Gestaltungsfelder:

- Produkt
- Produktentwicklung (FuE)
- Fertigung
- Logistik
- Qualitätssicherung
- Marketing und andere büronahe Funktionen
- Organisation
- Informationssystem

zusammengesetzt.

Im Rahmen einer Gesamtsicht erfolgt nun die Beurteilung, welche der Gestaltungselemente entscheidende Beiträge zur Erreichung der Zielprofile leisten, welche nur marginale Beiträge hinzufügen und welche Elemente/ Einzelmaßnahmen sich gegenläufig beeinflussen. In diesem Planungsstadium werden im Geamtzusammenhang die Zielwirksamkeit und -verträglichkeit der Gestaltungselemente bzw. der Maßnahmenalternativen bewertet. Das Strategiekonzept sollte so zusammengesetzt werden, daß eine signifikante horizontale und vertikale Durchgängigkeit von Strategien/Zielen und Maßnahmen, wie sie in dem Abschnitt 3.1 beschrieben wurde, erreicht wird.

• Aufwand-/Nutzenabschätzung

Bei der Nutzenbewertung von CIM/CAI-Projekten gibt es zwei Bewertungsebenen, und zwar eine strategisch und eine mehr wirtschaftlich orientierte Bewertung. Die strategisch orientierte Nutzenbetrachtung beschäftigt sich mit der Frage, welche Erfolgspotentiale bzw. welche Verbesserungen in der Wettbewerbsposition durch ein CIM/CAI-Vorhaben realisiert werden können, bzw. wie sich die Wettbewerbsposition verschlechtert, wenn nicht in das CIM/CAI-Konzept investiert wird. Um die Bewertung der Verbesserung der Wettbewerbsposition handhabbar zu gestalten, wurde das externe, d.h. das marktorientierte Zielprofil, wie es in Abschnitt 4.2 beschrieben wurde, auf die Umsatzauswirkung hin bewertet: Durch unterschiedliche Vertriebs- und Marketingstellen wurde z.B. abgeschätzt, welche Lieferzeitverkürzung welche Umsatzerhöhung nach sich zieht.

Die internen Zielprofile und damit die Nutzenpotentiale lassen sich oft monetär und damit wirtschaftlch besser quantifizieren. Beispielsweise kann der Nutzen einer Fertigungsdurchlaufzeitreduzierung über die Auswirkungen auf die Produktzuwachskurve relativ gut quantitativ bewertet werden. In der Abbildung 2.2-3 wurden auch mögliche Nutzensteigerungs- bzw. -einsparungspotentiale für CIM-Systeme angegeben. Nicht oder nur schwer quantifizierbare Größen werden im Rahmen einer Nutzwertanalyse in ihren Auswirkungsketten qualitativ beschrieben.

Den Nutzenpotentialen gegenüber stehen die Aufwendungen bzw. Kosten, die bei der Realisierung des neuen Strategiekonzeptes bzw. der CIM/CAI-Systemarchitektur auftreten. Viele Aufwendungen, aber auch Nutzenpotentiale, können erst konkreter bei der CAx-Einzelprojektplanung ermittelt werden. Eine relativ frühe, wenngleich grobe Aufwand-/Nutzenabschätzung, ist jedoch für ein CIM/CAI-Vorhaben zwingend notwendig.

• Definieren des CIM/CAI-Rahmenplanes:

- Priorisierung der CAx-Komponenten

Die Priorisierung der CAx-Komponenten mit den entsprechenden Verknüpfungsschritten hängt in entscheidendem Maße von der Strategie des Unternehmens ab, die am besten durch die folgende Frage beschrieben werden kann: Durch welche Funktionsstrategien bei FuE (CAE/CAD), Fertigung (CAM/CAP), Logistik (PPS), Qualitätssicherung (CAQ) usw. will man für das zukünftige Geschäft welche Wettbewerbsvorteile und durch welche DV-unterstützten Funktionen, Prozesse und Prozeßketten läßt sich die größte Hebelwirkung erzielen? Deshalb wurde auch bei der Beschreibung der entsprechenden Gestaltungsfelder bzw. -elemente versucht, die mögliche strategische Bedeutung dieser Felder bzw. Elemente zu charakterisieren.

CIM/CAI ist primär ein strategisch relevantes Instrument, das langfristig die Wettbewerbsfähigkeit sichern muß. Damit sollte über die Prioritätensetzung der CAx-Komponenten mit den entsprechenden Verknüpfungsschritten klar zum Ausdruck kommen, wie die Zukunftssicherung realisiert werden soll. CIM/CAI ist also erst sekundär die Lösung eines technischen Problems.

Die Priorisierung hängt auch von den relevanten Strukturgrößen des Geschäftes, der DV-Ausgangsbasis und von den Zwangsläufigkeiten in den Funktionsfolgen ab, die sich beim Ziel eines durchgängigen Informationsflusses ergeben. Die Wertigkeitsfestlegung hängt im konkreten Einzelfalle von sehr vielen unternehmensspezifischen Einflußfaktoren ab, und deshalb ist es schwierig, allgemeine Empfehlungen zu diesem Punkt zu geben:

Für einen Kleinserienfertiger, der eine kundenspezifische Variantenentwicklung und -fertigung forciert, ist, wie die Situation beim ersten Siemens-internen Fallbeispiel beschrieben wurde (vgl. Abschnitt 2.3), die Koppelung CAD und CAM strategisch relevant. Hingegen, für einen Großserienfertiger, der sich besonders durch kurze Lieferzeiten differenzieren will - siehe 2. Fallbeispiel - ist die Verfahrenskette - vom Auftrag zum Versand - die strategisch relevante und damit ist die Koppelung PPS-CAM die entscheidende.

Generell wird ein Unternehmen, das sehr auf Innovation setzt, CAE/CAD mit der Vernetzung zur CAM-Komponente vorantreiben. Bei großen Digitalsystemen wird man in diesem Zusammenhang auch besonders stark die industrielle Softwareproduktion mit den entsprechenden CASE-Werkzeugen unterstützen.

Für Unternehmen, die eine sehr geringe Fertigungstiefe aufweisen, welches sich in einem hohen Kauf- und Bezugsanteil niederschlägt, wird die PPS und dabei besonders die fertigungssynchrone Beschaffung entsprechend wichtig sein.

Das Ergebnis der Priorisierung der CAx-Komponenten ist der CIM/CAI-Rahmenplan, wie er beispielsweise in Abb. 4.4-2 enthalten ist. Um die Realisierungszeit für ein CIM/CAI-Vorhaben möglichst kurz zu halten, werden oft mehrere Einzelprojekte unterschiedlicher Abteilungen zeitlich parallel oder überlappt durchgeführt.

Allgemein läßt sich aus der Erfahrung heraus folgende Einführungsstrategie als notwendig ableiten:

1. Realisierung integrationsfähiger Inseln, denn nur Prozesse, die im Rahmen einer Insellösung beherrscht werden, bieten Gewähr, daß sie auch in einem integrierten Konzept beherrschbar sind.

2. Inseln nach unternehmensspezifischen Strukturen und Zielsetzungen vernetzen. Anmerkung: Wichtig ist, CAM-Inseln/Fertigungsleitsysteme mit der zentralen PPS schnell zu vernetzen, damit die Nutzenpotentiale, beispielsweise eines fle-

xiblen Fertigungssystems, möglichst schnell auch in Kundennutzenvorteile übergeführt werden können.

- Begleitende Aktionen

Der CIM/CAI-Rahmenplan muß, um Vorschläge über die notwendigen Änderungen in der Aufbau- und Ablauforganisation (vgl. Abschnitt 4.3.7) und bezüglich der Aus- und Weiterbildungsmaßnahmen für die Mitarbeiter ergänzt werden. Gerade von einem gut ausgearbeiteten Aus- und Weiterbildungsprogramm und damit von gut motivierten Mitarbeitern hängt wesentlich der Erfolg eines CIM/CAI-Vorhabens ab.

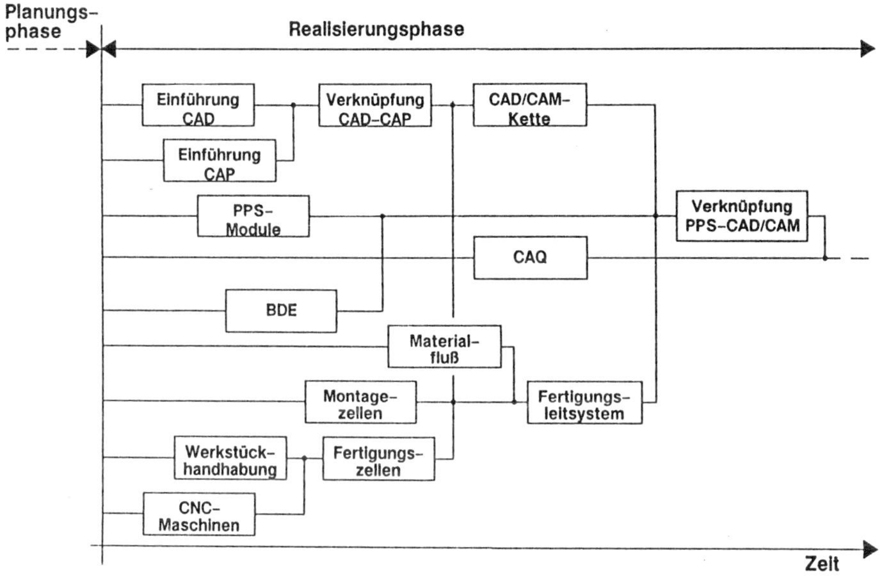

Abb. 4.4-2: CIM/CAI-Rahmenplan zur Einführung der CAx-Komponenten (ein Beispiel)

Diese Planungsausgangsgrößen werden abschließend der Unternehmensleitung vorgelegt. Bei positiver Entscheidung ist die CIM/CAI-Strategieplanung abgeschlossen und die CAx-Einzelprojekt-Planungs- und Realisierungsschritte können, gemäß der terminlichen Festlegung des CIM/CAI-Rahmenplanes beginnen. Wichtig ist, daß parallel zu den CAx-Einzelprojekten ein strategisches Controlling, wie es in Abschnitt 4.0 kurz beschrieben wurde, vom CIM/CAI-Management (vgl. Abb. 3.2-1) durchgeführt wird. Damit muß sichergestellt werden, daß neue Wettbewerbs- und Geschäftskonstellationen, neue geschäftsrelevante Technologiedurchbrüche usw. möglichst umgehend bei den CAx-Einzelprojekten berücksichtigt und daß die Ziele und damit auch die Nutzenpotentiale tatsächlich realisiert werden.

Literaturverzeichnis

Ansoff,I.H., Stewart,J.M: Strategies for a Technology Based Business, in: HBR, 45. Jg., Heft 6 (1967), S.71-83

Augustin,S.: Informationslogistik, Köln 1990 (in Vorber.)

Brankamp,K.: Handbuch der modernen Fertigung und Montage, München 1975

Doetsch,E., Wolf,H.-C.: Mit CAI bereit zur Innovation, Siemens Magazin COM, Spezial CAI (1988)

Eidenmüller,B.: Die Produktion als Wettbewerbsfaktor - Herausforderungen an das Produktionsmanagement, Zürich, Köln 1989

Forrester,J.W.: Industrial Dynamics, Cambridge 1968

Gooch,J., George,M., Montgomery,D.: America our Competitive Edge - Competing through Manufacturing, New York 1984

Henzler,H.: Der FuE-Bereich ist kein Naturschutzpark, in: highTech 5 (1989)

Jaikumar,R.: Flexible Fertigungssysteme in Japan und USA, in: Harvard Manager 2 (1987)

IIIE: Selected Reports on Industrial Engineering Activities in Japan, 1988

Kiyoshi Suzaki: The New Manufacturing Challenge, New York 1987

Krubasik,E.: Gordischer Knoten - Artikelserie zum Thema: Innovationswettlauf, in: highTech 5 (1989)

Luchs,R.H., Neubauer,F.-F.: Qaulitätsmanagement - Wettbewerbsvorsprung durch Differenzierungen, Frankfurt 1986

Maas,W., Kaltenstadler, L., Schorer,H.: CAI im Siemens-Werk für Arbeitsplatzsysteme, Fortschrittliche Betriebsführung (FB/IE), 37/2 (1988)

Meyer,J.: Strategische Planung - Qualität als schärfste Waffe für Marktanteilsgewinn und Rentabilitätsverbesserung, Heidelberg 3 (1987)

Michel,H.: Mit Japan im Wettbewerb, in: Blick durch die Wirtschaft, Frankfurt 1988

Milberg,J.: Sammelbecken aller Fehler - Die Montageautomatisierung kommt nur langsam voran, in: Moderne Fertigung, 6(1987) S.32-39

Möhrle,M.G.: Die steigende Technologieorientierung von Ländern und Branchen im Spiegel ihrer FuE-Anwendungen, in: technologie & management, 3(1989) S.42-48

Nikkei`s Database Service: Japan Economic Journal, Juli (1987)

Oertli-Cajacob,P.: Praktische Wirtschaftskybernetik, München, Wien 1977

Otala,M.: Spur des Jaguars, in: highTech 3/89

Peters,J., Van Brussel,H.: Die mechatronische Revolution und die Ingenieurausbildung, in: ZWF CIM, 28.10.1988

Porter,M.E.: Competitive Advantage - Creating and Sustaining Superior Performance -, New York 1985

Scheer,A.-W.: CIM - Der computergesteuerte Industriebetrieb: Berlin, New York, 1987

Schonberger, R.S.: Produktion auf Weltniveau, Frankfurt/New York 1988

Schwärtzel,H.: Informatik in der Praxis, New York, Berlin, 1986

Schulte: Checkliste für die CIM-Einführung, in: VDI-Z, Bd.128 (1986), S.286-288

Siemens AG, E 877: CIM-Basisbetrachtungen - Produktionstechnik, Produktionsautomatisierung und Automatisierungssysteme (Hrsg.) Berlin, München 1988

Siemens AG, E 8: CIM-Handbuch, interne Siemens-Broschüre, 1988

Siemens AG, ZFA, K LWAR: Automatisierungs- und robotergerechte Produktgestaltung, interne Siemens-Broschüre, 1986

Siemens AG, ZTP FEP 1: Strategische Technologieplanung - interne Siemens-Broschüre, 1988

Skinner,W.: Manufacturing - Missing Link in the Corporate Strategy, in: HBR, May-June (1974)

Skinner,W.: The Focused Factory, in: HBR, May-June (1974), S.114-121

Stalk,G.: The Next Source of Competitive Advantage, in: HBR, 7/8 (1988)

Steinmetz,R.: Ganzheitliches Systemkonzept als Weg zum unternehmerischen Erfolg, Office-Management, 1 (1988)

Tress,D.W.: Ganzheitlicher Ansatz logistikorientierter Fabrikplanung, in: ZwF, 82 (1987), S.441-446

Tress,D.W.: Simultaneous Engineering in der Elektronikproduktion, in: VDI-Berichte, Nr.758(1989)

U.S.Congress, Office of Technology Assessment, Commercializing High-Temperature Superconductivity, OTA-ITE-388 (Washington, DC: U.S.Government Printing Office) June 1988

Waller,S.: Herausforderung an die Produktionstechnik in der Elektroindustrie, ZwF, 10 (1988)

Waller,S.: Die Fabrik mit Zukunft fordert Flexibilität, Intermatic `88 Kongreßunterlagen 4 (1998)

Wargin,J., Benz,M.: Fabrik der Zukunft und Qualität in: 3. Qualitätsleiterforum, Hrsg. gfmt, München

Weh: Anforderungen an die CIM-Prozeßkette SMD, interne Siemens-Broschüre (K WA OA 11), 6/89

Wildemann,H.: Die modulare Fabrik, München 1988

Wildemann,H.: Produktionssynchrone Beschaffung - Einführungsleitfaden, München 1988

Stichwortverzeichnis

K

L

M

N

O

P

Q

R

S

T

U

V

W

Z

Die Produktion als Wettbewerbsfaktor

Herausforderung an das Produktionsmanagement

Von B. Eidenmüller
1990, 16 × 24 cm, 264 Seiten, geb.,
DM 98,–
ISBN 3-88585-680-8
Verlag Industrielle Organisation /
Verlag TÜV Rheinland

Wir leben in einer Wirtschaftswelt, die durch große Veränderungen in der Wettbewerbsgesellschaft gekennzeichnet ist. Um in einem solchen Umfeld bestehen zu können, kommt es für die Unternehmen vor allem darauf an, ihre Anpassungsfähigkeit und -geschwindigkeit wesentlich zu verbessern. Ein dynamischer Wettbewerb erfordert ein darauf abgestelltes Denken und Handeln in der Produktion.

Obwohl den Unternehmen in den letzten Jahren bewußt geworden ist, wie bedeutend für den Wettbewerb eine exzellente Produktion ist, fehlt es in vielen Fällen an einem umfassenden Verständnis dafür, wie die Produktion zu den strategischen Zielen eines Unternehmens beitragen kann.

Zur Zeit wird eine Vielzahl neuer Konzepte und Ansätze für die Produktion propagiert und kontrovers erörtert; „Computer Integrated Manufacturing (CIM)", „Simultaneous Engineering (S. E.)", „Produktionslogistik", Just-in-time-Produktion (JIT)", „Kanban", „Fertigungsseggmentierung" sind zu vertrauten Begriffen geworden, denen eines gemeinsam ist: Sie verändern die Strukturen in der Produktion und stellen neue Anforderungen an das Produktionsmanagement.

Mehr als zwanzig Jahre Erfahrung auf dem Gebiet der Produktionswirtschaft und -logistik in einem Unternehmen der Elektroindustrie bilden die Grundlage dieses Buches. Vor dem Hintergrund einer Vielzahl von Produkten, Produktionsprozessen und Märkten mit einer mindestens ebenso großen Vielfalt an Problemen werden neue Entwicklungen bei der Gestaltung der Produktion zusammenfassend aufgezeigt. Das Buch soll dazu beitragen, das Bewußtsein für die „Produktion als Wettbewerbsfaktor" zu schärfen und soll den Führungskräften im Produktionsbereich konkrete Hinweise und Hilfen zur Erschließung dieses Erfolgspotentials bieten.